ÉDITORIAL

MAI 2024

Joli mois de Marie

Le mois de mai est traditionnellement consacré à Marie. Il y a cinquante ans, Paul VI publiait une exhortation apostolique consacrée au culte marial : *Marialis Cultus*. Dans la foulée du renouveau liturgique, ce texte venait clarifier la doctrine mariale de l'Église catholique dans le but de promouvoir une dévotion à Marie qui soit saine, équilibrée et théologiquement fondée. Le saint pape, fervent défenseur de l'unité entre les chrétiens, cherchait aussi à dépasser les « sérieuses discordances » entre les Églises « sur le rôle de Marie dans l'œuvre du salut » et donc sur le culte à lui rendre. Comment Marie pourrait-elle être cause de divisions entre chrétiens puisque tout dans sa vie nous ramène au Christ ? « Dans la Vierge, tout se rapporte au Christ et tout dépend de lui : c'est pour lui que Dieu le Père, de toute éternité, l'a choisie comme Mère toute sainte et l'a parée de dons de l'Esprit à nul autre consentis », écrivait Paul VI. Des paroles qui peuvent illuminer notre prière. Mariale ou pas. ■

« Dans la Vierge, tout se rapporte au Christ et tout dépend de lui », écrivait Paul VI.

Annonce

MUTUELLE SAINT-CHRISTOPHE ASSURANCES

Un assureur catholique et solidaire

La Mutuelle Saint-Christophe assurances porte au cœur de ses préoccupations un projet chrétien, pour un monde plus fraternel.

Les catholiques ont, de tout temps, utilisé le principe de mutuelle pour doter les corporations d'un système d'entraide. C'est dans cet esprit évangélique initial qu'au siècle dernier deux prêtres ont créé une association pour permettre au clergé d'acquérir et assurer des voitures afin de faciliter les déplacements et la diffusion de la Parole. Devenue la Mutuelle Saint-Christophe assurances, cette organisation incarne l'ancrage chrétien dans le monde de l'assurance.

Partenaire de l'Église catholique, elle est l'assureur privilégié des diocèses, des instituts religieux, des établissements scolaires catholiques, mais aussi de toute personne qui souhaite assurer sa voiture, son habitation ou sa santé.

Récemment, la Mutuelle a pris une décision novatrice : pour toute assurance souscrite, elle reverse un montant solidaire au Denier de l'Église. « Dans le contexte économique actuel, où les dons des

fidèles sont plus difficiles à mobiliser, je ne peux que saluer cette belle initiative de la Mutuelle que je vous invite à rejoindre », souligne Mgr Antoine Hérouard, archevêque de Dijon. La Mutuelle est aujourd'hui le premier assureur qui permet à ses sociétaires de soutenir indirectement l'entretien des paroisses et l'allocation versée aux prêtres, par leur simple adhésion. « En tant que particulier, l'offre pour assurer son logement ou sa voiture est tout à fait concurrentielle. En vous assurant à la Mutuelle, vous êtes solidaire de l'Église catholique en France », explique Martin, responsable immobilier.

Annonce

Pour plus de renseignements sur la Mutuelle Saint-Christophe et ses offres d'assurance (auto, habitation, santé) nos équipes sont à votre écoute :
01 85 53 48 38 – service.src.commercial@msc-assurance.fr
Mutuelle Saint-Christophe assurances – 277 rue Saint-Jacques, 75256 Paris CEDEX 05 – www.saint-christophe-assurances.fr

Prier avec le Saint-Père

Intention universelle du mois de mai 2024

Prions pour que les religieuses,
les religieux et les séminaristes grandissent
dans leur parcours vocationnel grâce
à une formation humaine, pastorale, spirituelle
et communautaire qui les conduise
à être des témoins crédibles de l'Évangile.

Pour vous aider à prier :
www.prieraucoeurdumonde.net

SAINTS ET SAINTES DU MOIS DE MAI 2024

Xavier Lecœur, journaliste et historien

Chaque jour, l'Église fête plusieurs saints et bienheureux : ceux du calendrier romain, ceux des calendriers diocésains et ceux du calendrier des Églises orientales. Tous les mois, Prions en Église *vous propose d'en découvrir quelques-uns.*

1er mai

St Jean-Louis Bonnard

(1824-1852)

Jeune prêtre des Missions étrangères de Paris, il accomplit son apostolat auprès des habitants du Tonkin (nord de l'actuel Vietnam), avant d'être arrêté et décapité. Canonisé en 1988.

2 mai

St Antonin

(1389-1459)

« Plus on pèche ou plus on demeure dans le péché, et plus on s'éloigne de Dieu », avertissait ce dominicain, archevêque de Florence et auteur d'une Somme morale qui connut une grande diffusion.

3 mai

St Théodose de Kiev

(XIe siècle)

Avec son maître saint Antoine de Kiev, il est considéré comme le père du monachisme en Russie.

4 mai

St Sylvain

(IVe siècle)

Cet évêque de Gaza, doux et pacifique, fut condamné aux mines avec 39 autres chrétiens. Tous moururent décapités.

5 mai

St Ange

(1185-1225)

Religieux carme, né à Jérusalem. Il subit le martyre en Sicile en prêchant contre les cathares.

6 mai

St François de Laval

(1623-1708)

Il y a dix ans, ce noble français, devenu le premier évêque de Québec, était proclamé saint. Il est considéré comme le Père de l'Église canadienne.

7 mai

Bse Gisèle

(XIe siècle)

Épouse du roi saint Étienne de Hongrie qu'elle assista dans sa mission d'évangélisation et ses œuvres de charité.

8 mai
Bse Itte de Nivelles
(592-652)
À la mort de son mari Pépin de Landen, elle fonda à Nivelles (Belgique) un couvent où entra ensuite sa fille, la future sainte Gertrude.

9 mai
St Pacôme
(vers 292-346)
Après sa conversion au christianisme, il se retira dans le désert égyptien et regroupa autour de lui des ermites qu'il incita à vivre ensemble. Il est le père du monachisme communautaire (cénobitisme).

10 mai
St Damien de Molokai
(1840-1889)
« Mon plus grand bonheur est de servir le Seigneur dans ses pauvres enfants malades, repoussés par les autres hommes », écrivait ce missionnaire picpucien belge, qui se dévoua héroïquement pour les lépreux de Molokai (Hawaï). Canonisé en 2009.

11 mai
St Ignace de Laconi
(1701-1781)
Frère quêteur pendant quarante ans, ce capucin sarde impressionnait ses interlocuteurs par sa sérénité spirituelle et son caractère toujours joyeux. Canonisé en 1951.

12 mai
Bx Alvaro del Portillo
(1914-1994)
Il y a trente ans mourait cet évêque espagnol, premier successeur de saint Josémaria Escriva de Balaguer à la tête de l'Opus Dei. Béatifié en 2014.

13 mai
St André-Hubert Fournet
(lire page 99)

14 mai
Ste Marie-Dominique Mazzarello
(1837-1881)
Issue d'une famille de paysans piémontais, elle fonda l'Institut des Filles de Marie-Auxiliatrice, aussi appelées Salésiennes de Don Bosco. Canonisée en 1951.

15 mai
Ste Denise
(IIIe siècle)
Jeune chrétienne d'Anatolie. Elle fut l'une des nombreuses victimes de la persécution menée sous le règne de l'empereur Dèce.

16 mai

St Nimatullah Al-Hardini

(1808-1858)

Il y a vingt ans, le pape saint Jean-Paul II canonisait ce prêtre de l'Ordre libanais maronite qui, par la sainteté de sa vie, exerça une forte influence sur le futur saint Charbel Makhlouf.

17 mai

St Pascal Baylon

(1540-1592)

Entré chez les Franciscains comme simple portier, ce berger espagnol se fit remarquer par son humilité, son obéissance et son goût pour la prière. Patron des œuvres eucharistiques.

18 mai

St Éric de Suède

(1120-1160)

Roi de Suède, il favorisa le développement du christianisme dans son pays en rédigeant des lois dans un esprit évangélique.

19 mai

Ste Marie-Bernarde Bütler

(1848-1924)

Il y a un siècle, jour pour jour, mourait à Carthagène (Colombie) cette religieuse capucine, fondatrice de la congrégation des Missionnaires franciscaines de Marie-Auxiliatrice. Première sainte suisse, canonisée en 2008.

20 mai

St Bernardin de Sienne

(1381-1444)

Grand prédicateur franciscain. Il propagea la dévotion au Saint Nom de Jésus, symbolisé par les trois lettres IHS (Jésus Sauveur des hommes). Canonisé dès 1450.

21 mai

St Constantin le Grand

(vers 280-337)

En 313, par l'édit de Milan, cet empereur accorda la liberté de culte aux chrétiens, mettant ainsi fin aux persécutions. Il aurait reçu le baptême sur son lit de mort.

22 mai

Ste Rita

(1381-1457)

Animée d'un profond sens du pardon et d'une grande patience devant la souffrance, cette religieuse augustine de Cascia (Italie) est vénérée comme patronne des causes perdues et désespérées.

23 mai

St Jean-Baptiste de Rossi

(1698-1764)

Malgré une santé fragile, ce prêtre piémontais, venu à Rome, se dévoua corps et âme pour tous les laissés-pour-compte de la société. Canonisé en 1881.

24 mai
St Vincent de Lérins
(Ve siècle)
Moine de l'abbaye de Lérins. Il est surtout connu pour son *Commonitorium*, ouvrage dans lequel il donne des critères pour discerner la vraie foi chrétienne de l'erreur des hérésies.

25 mai
Ste Marie-Madeleine de Pazzi
(1566-1607)
« Créés pour l'amour, pourquoi n'aimez-vous pas ? », s'interrogeait cette jeune et riche Florentine qui entra au carmel et connut de nombreuses expériences mystiques.

26 mai
St Philippe Néri
(1515-1595)
« La paix et la joie sont un avant-goût du Paradis », affirmait ce prêtre italien, fondateur de la Société de l'Oratoire dédiée au service paroissial et à la prédication. Canonisé en 1622.

27 mai
St Hildevert
(VIIe siècle)
Disciple de saint Faron, il lui succéda comme évêque de Meaux (Seine-et-Marne), exerçant son ministère avec douceur et sagesse.

28 mai
Bx Lanfranc
(vers 1005-1089)
Prieur du monastère du Bec-Hellouin (Eure), il devint archevêque de Cantorbéry, après la conquête de l'Angleterre par Guillaume le Conquérant.

29 mai
Ste Bonne de Pise
(1156-1207)
Tertiaire augustinienne. Elle aidait et accompagnait les fidèles dans les pèlerinages menant à Rome, à Compostelle et en Terre sainte.

30 mai
Bse Marie-Céline de la Présentation
(1878-1897)
Très éprouvée par le handicap et la misère, cette religieuse clarisse fut, durant sa brève existence, un modèle d'humilité et de confiance en Dieu. Béatifiée en 2007.

31 mai
Ste Pétronille
(Ier siècle)
Selon la tradition, Pétronille (ou Pierrette) aurait été catéchisée et baptisée par saint Pierre et lui devrait donc son nom.

Prions avec les textes de la messe

DU 1ER AU 31 MAI 2024

Partagez vos intentions de prière

Envoyez vos intentions de prière à :
Prions en Église, Intentions de prière, 18 rue Barbès, 92128 Montrouge Cedex.
Elles seront portées par les pèlerins qui partiront à Chypre, sur les pas de saints Paul, Marc et Barnabé du 3 au 9 juin 2024.

MERCREDI 1ER MAI 2024

5E SEMAINE DE PÂQUES COULEUR LITURGIQUE : BLANC

Temps pascal, *messe de la férie*
ou **saint Joseph, travailleur** *voir p. 17*

Antienne d'ouverture

Que ma bouche soit remplie de ta louange, pour que je puisse chanter ; joie sur mes lèvres qui chantent pour toi, alléluia. (cf. Ps 70, 8.23)

Prière

Seigneur Dieu, toi qui aimes l'innocence et la fais recouvrer, oriente vers toi le cœur de ceux qui te servent ; tu les as libérés des ténèbres de l'incroyance : fais qu'ils n'abandonnent jamais la lumière de ta vérité. Par Jésus… ***— Amen.***

Lecture

du livre des Actes des Apôtres (15, 1-6)

« On décida qu'ils monteraient à Jérusalem auprès des Apôtres et des Anciens pour discuter de cette question »

En ces jours-là, des gens, venus de Judée à Antioche, enseignaient les frères en disant : « Si vous n'acceptez pas la circoncision selon la coutume qui vient de Moïse, vous ne pouvez pas être sauvés. » Cela provoqua un affrontement ainsi qu'une vive discussion engagée par Paul et Barnabé contre ces gens-là. Alors on décida que Paul et Barnabé, avec quelques autres frères, monteraient à Jérusalem auprès des Apôtres et des Anciens pour discuter de cette question. L'Église d'Antioche facilita leur

voyage. Ils traversèrent la Phénicie et la Samarie en racontant la conversion des nations, ce qui remplissait de joie tous les frères. À leur arrivée à Jérusalem, ils furent accueillis par l'Église, les Apôtres et les Anciens, et ils rapportèrent tout ce que Dieu avait fait avec eux. Alors quelques membres du groupe des pharisiens qui étaient devenus croyants intervinrent pour dire qu'il fallait circoncire les païens et leur ordonner d'observer la loi de Moïse. Les Apôtres et les Anciens se réunirent pour examiner cette affaire.
– Parole du Seigneur.

Psaume 121 (122)

℟ ***Dans la joie, nous irons à la maison du Seigneur.***
OU ***Alléluia !***

Quelle joie quand on m'a dit :
« Nous irons à la maison du Seigneur ! »
Maintenant notre marche prend fin
devant tes portes, Jérusalem ! ℟

Jérusalem, te voici dans tes murs :
ville où tout ensemble ne fait qu'un !
C'est là que montent les tribus,
les tribus du Seigneur. ℟

C'est là qu'Israël doit rendre grâce
au nom du Seigneur.
C'est là le siège du droit,
le siège de la maison de David. ℟

Acclamation de l'Évangile

Alléluia. Alléluia. Demeurez en moi, comme moi en vous, dit le Seigneur ; celui qui demeure en moi porte beaucoup de fruit. ***Alléluia.***

Évangile de Jésus Christ

selon saint Jean (15, 1-8)

« Celui qui demeure en moi et en qui je demeure, celui-là porte beaucoup de fruit »

En ce temps-là, Jésus disait à ses disciples : « Moi, je suis la vraie vigne, et mon Père est le vigneron. Tout sarment qui est en moi, mais qui ne porte pas de fruit, mon Père l'enlève ; tout sarment qui porte du fruit, il le purifie en le taillant, pour qu'il en porte davantage. Mais vous, déjà vous voici purifiés grâce à la parole que je vous ai dite. Demeurez en moi, comme moi en vous. De même que le sarment ne peut pas porter de fruit par lui-même s'il ne demeure pas sur la vigne, de même vous non plus, si vous ne demeurez pas en moi. Moi, je suis la vigne, et vous, les sarments. Celui qui demeure en moi et en qui je demeure, celui-là porte beaucoup de fruit, car, en dehors de moi, vous ne pouvez rien faire. Si quelqu'un ne demeure pas en moi, il est, comme le sarment, jeté dehors, et il se dessèche. Les sarments secs, on les ramasse, on les jette au feu, et ils brûlent. Si vous demeurez en moi, et que mes paroles demeurent en vous, demandez tout ce que vous voulez, et cela se réalisera pour vous. Ce qui fait la gloire de mon Père, c'est que vous portiez beaucoup de fruit et que vous soyez pour moi des disciples. »

Prière sur les offrandes

Donne-nous, Seigneur, nous t'en prions, de toujours te rendre grâce par ces mystères de Pâques ; qu'ils continuent l'œuvre de notre relèvement et deviennent pour nous une source intarissable de joie. Par le Christ, notre Seigneur. ***— Amen.***

Préface du temps pascal, p. 225.

Antienne de la communion

Le Seigneur est ressuscité,
il nous a rachetés par son sang,
et nous remplit de sa lumière,
alléluia.

Prière après la communion

Écoute nos prières, Seigneur : que cet échange très saint où l'homme est racheté nous soutienne durant la vie présente et nous procure les joies éternelles. Par le Christ, notre Seigneur.
— *Amen.*

INVITATION

En cette fête du Travail, je prie pour celles et ceux qui cherchent un emploi.

COMMENTAIRE

Sève vitale

Jean 15, 1-8

L'image de la vigne proposée par l'évangile peut nous aider, si nous l'intériorisons, à percevoir le lien vital qui unit les baptisés au Christ. C'est par lui que nous vient l'Esprit, qui est la sève de notre vie nouvelle. Cette vigne (image d'Israël chez les prophètes) s'est rapidement étendue à toutes les nations, au prix d'une mutation inouïe des mentalités dont la première lecture se fait l'écho. ■

***Jean-Marc Liautaud**, Fondacio*

Saint Joseph, travailleur

Couleur liturgique : blanc

En 1955, le pape Pie XII a placé le 1er mai sous le patronage de saint Joseph qui « personnifie auprès de Dieu et de la sainte Église la dignité du travailleur ».

Antienne d'ouverture

Heureux qui craint le Seigneur :
et marche selon ses voies.
Tu te nourriras du travail
de tes mains : Heureux es-tu !
À toi, le bonheur ! Alléluia ! (Ps 127, 1-2)

Prière

Dieu, Créateur de l'univers, tu as donné au genre humain la loi du travail ; en ta bonté, accorde-nous d'accomplir, à l'exemple du bienheureux Joseph et sous sa protection, les tâches que tu nous confies, et de recevoir la récompense que tu promets. Par Jésus… — ***Amen.***

Prière sur les offrandes

Dieu, source de toute miséricorde, regarde les présents que nous déposons devant toi en faisant mémoire du bienheureux Joseph : dans ta bonté, permets que ces offrandes deviennent le secours de ceux qui te supplient. Par le Christ, notre Seigneur. — ***Amen.***

Préface de saint Joseph, p. 228.

Antienne de la communion

Tout ce que vous dites,
tout ce que vous faites, que ce soit
toujours au nom du Seigneur Jésus,
en offrant par lui votre action
de grâce à Dieu le Père, alléluia.
(cf. Col 3, 17)

Prière après la communion

Tu nous as rassasiés, Seigneur, des joies du ciel, et nous te supplions encore : fais-nous témoigner, comme le bienheureux Joseph, de la charité que tu as répandue dans nos cœurs ; et nous goûterons pour toujours le fruit de la paix. Par le Christ, notre Seigneur. — ***Amen.***

JEUDI 2 MAI 2024

5E SEMAINE DE PÂQUES COULEUR LITURGIQUE : BLANC

Saint Athanase

Patriarche d'Alexandrie (Égypte) au IVe siècle. Malgré cinq exils, il lutta avec constance et courage contre l'arianisme qui niait la divinité du Christ.

Antienne d'ouverture

Dans son Église, le Seigneur lui a donné la parole ;
il l'a rempli de l'esprit de sagesse et d'intelligence,
et l'a revêtu de gloire, alléluia. (cf. Si 15, 5)

Prière

Dieu éternel et tout-puissant, tu as appelé le bienheureux évêque Athanase à devenir un défenseur remarquable de la divinité de ton Fils ; alors que nous nous réjouissons de son enseignement et de sa protection, accorde-nous, dans ta bienveillance, de te connaître toujours mieux et de t'aimer davantage. Par Jésus…
— Amen.

Lecture

du livre des Actes des Apôtres (15, 7-21)

« Moi, j'estime qu'il ne faut pas tracasser ceux qui, venant des nations, se tournent vers Dieu »

En ces jours-là, comme la conversion des païens provoquait, dans l'Église de Jérusalem, une intense discussion, Pierre se leva et leur dit : « Frères, vous savez bien comment Dieu, dans les premiers temps, a manifesté son choix parmi vous : c'est par ma bouche que les païens

ont entendu la parole de l'Évangile et sont venus à la foi. Dieu, qui connaît les cœurs, leur a rendu témoignage en leur donnant l'Esprit Saint tout comme à nous ; sans faire aucune distinction entre eux et nous, il a purifié leurs cœurs par la foi. Maintenant, pourquoi donc mettez-vous Dieu à l'épreuve en plaçant sur la nuque des disciples un joug que nos pères et nous-mêmes n'avons pas eu la force de porter ? Oui, nous le croyons, c'est par la grâce du Seigneur Jésus que nous sommes sauvés, de la même manière qu'eux. »

Toute la multitude garda le silence, puis on écouta Barnabé et Paul exposer tous les signes et les prodiges que Dieu avait accomplis grâce à eux parmi les nations. Quand ils eurent terminé, Jacques prit la parole et dit : « Frères, écoutez-moi. Simon-Pierre vous a exposé comment, dès le début, Dieu est intervenu pour prendre parmi les nations un peuple* qui soit à son nom. Les paroles des prophètes s'accordent avec cela, puisqu'il est écrit : *Après cela, je reviendrai pour reconstruire la demeure de David, qui s'est écroulée ; j'en reconstruirai les parties effondrées, je la redresserai ; alors le reste des hommes cherchera le Seigneur, oui, toutes les nations sur lesquelles mon nom a été invoqué, – déclare le Seigneur, qui fait ces choses connues depuis toujours.*

« Dès lors, moi, j'estime qu'il ne faut pas tracasser ceux qui, venant des nations, se tournent vers Dieu, mais écrivons-leur de s'abstenir des souillures des idoles, des unions illégitimes, de la viande non saignée et du sang. Car, depuis les temps les plus anciens, Moïse a, dans chaque ville, des gens qui proclament sa Loi, puisque, dans les synagogues, on en fait la lecture chaque sabbat. »

– Parole du Seigneur.

Psaume 95 (96)

℟ ***Racontez à tous les peuples les merveilles du Seigneur !***
ou ***Alléluia !***

Chantez au Seigneur un chant nouveau,
chantez au Seigneur, terre entière,
chantez au Seigneur et bénissez son nom ! ℟

De jour en jour, proclamez son salut,
racontez à tous les peuples sa gloire,
à toutes les nations ses merveilles ! ℟

Allez dire aux nations : « Le Seigneur est roi ! »
Le monde, inébranlable, tient bon.
Il gouverne les peuples avec droiture. ℟

Acclamation de l'Évangile

Alléluia. Alléluia. Mes brebis écoutent ma voix, dit le Seigneur ; moi, je les connais, et elles me suivent. ***Alléluia.***

Évangile de Jésus Christ

selon saint Jean (15, 9-11)

« Demeurez dans mon amour pour que votre joie soit parfaite »

En ce temps-là, Jésus disait à ses disciples : « Comme le Père m'a aimé, moi aussi je vous ai aimés. Demeurez dans mon amour. Si vous gardez mes commandements, vous demeurerez dans mon amour, comme moi, j'ai gardé les commandements de mon Père, et je demeure dans son amour.

« Je vous ai dit cela pour que ma joie soit en vous, et que votre joie soit parfaite. »

Prière sur les offrandes

Regarde, Seigneur, les offrandes que nous te présentons en faisant mémoire du bienheureux Athanase ; que la confession de ta vérité conduise au salut ceux qui gardent la foi pure qui fut la sienne. Par le Christ, notre Seigneur. **— *Amen.***

Préface du temps pascal, p. 225.

Antienne de la communion

La pierre de fondation,
personne ne peut en poser d'autre
que celle qui s'y trouve :
Jésus Christ, alléluia.
(1 Co 3, 11)

Prière après la communion

Nous t'en prions, Dieu tout-puissant : puisqu'avec le bienheureux Athanase, nous confessons fermement la divinité de ton Fils unique, lui qui est vraiment Dieu, qu'il nous procure dans ce sacrement vie et force pour toujours. Lui qui… **— *Amen.***

INVITATION

La nature s'éveille en mai. Je pourrais organiser ou participer, ce mois-ci, à une retraite, un pèlerinage, une randonnée, pour contempler la Création et en rendre grâce.

COMMENTAIRE

Mutation globale

Actes 15, 7-21

À certains moments clés de l'histoire, quelques individus vivent des mutations mentales qui font basculer l'humanité dans une direction nouvelle. C'est un tel moment que Luc évoque. Admirable audace de ces Juifs pieux qui ont perçu que l'adhésion au Christ transcendait tous les marqueurs religieux et abolissait les barrières les plus sacrées pour unir autrement des hommes et des femmes de toutes nations. ■

***Jean-Marc Liautaud,** Fondacio*

✲ CLÉ DE LECTURE

« Un peuple »

Actes 15, 14 *(p. 19)*

À la demande de Paul et de Barnabé, Pierre et Jacques de Jérusalem acceptent de ne plus imposer la circoncision aux nouveaux croyants venus du paganisme. Le don de Dieu est pour tous, sans discrimination ni condition préalable. Mais le discours de Jacques est plein d'ambiguïtés : le peuple choisi parmi les nations, est-ce Israël auquel les disciples du Christ s'agrégeront, ou un peuple nouveau et différent ? De même, les restrictions apportées portent sur la convivialité : elles rendent possible le repas partagé entre Juifs et païens, mais elles supposent des conditions de pureté que Jésus n'exigeait pas ! Peut-être l'espace ouvert pour l'interprétation est-il aussi un espace de liberté pour la diversité des groupes que formeront les chrétiens ? ■

***Roselyne Dupont-Roc,** bibliste*

VENDREDI 3 MAI 2024

COULEUR LITURGIQUE : ROUGE

Saint Philippe et saint Jacques

(Ier siècle). Deux des douze Apôtres. Natif de Bethsaïde comme Simon-Pierre et André, Philippe fut appelé par Jésus à le suivre. Jacques, fils d'Alphée, est aussi appelé le Mineur.

Antienne d'ouverture

Voici les saints Philippe et Jacques : le Seigneur les a vraiment aimés, il les a choisis et leur a donné une gloire éternelle, alléluia.

Gloire à Dieu (p. 221)

Prière

Seigneur Dieu, tu nous réjouis chaque année par la fête des apôtres Philippe et Jacques ; à leur prière, accorde-nous d'être associés à la passion et à la résurrection de ton Fils unique, afin de parvenir ainsi à te contempler pour l'éternité. Par Jésus… **— *Amen.***

Lectures propres à la fête de saint Philippe et saint Jacques.

Lecture

de la première lettre de saint Paul apôtre aux Corinthiens (15, 1-8)

« Il est apparu à Jacques, puis à tous les Apôtres »

Frères, je vous rappelle la Bonne Nouvelle que je vous ai annoncée ; cet Évangile, vous l'avez reçu ; c'est en lui que vous tenez bon, c'est par lui que vous serez sauvés si vous le gardez tel que je vous l'ai annoncé ; autrement, c'est pour rien que vous êtes devenus croyants. Avant tout, je vous ai transmis ceci, que j'ai moi-même reçu : le Christ est mort pour nos péchés conformément aux Écritures, et il fut mis au tombeau ; il est ressuscité le troisième jour conformément aux Écritures, il est apparu à Pierre, puis aux Douze ; ensuite il est apparu à plus de cinq cents frères à la fois – la plupart sont encore vivants, et quelques-uns sont endormis dans la mort –, ensuite il est apparu à Jacques, puis à tous les Apôtres. Et en tout dernier lieu, il est même apparu à l'avorton que je suis. – Parole du Seigneur.

Psaume 18A (19)

℟ ***Par toute la terre s'en va leur message.*** OU ***Alléluia !***

Les cieux proclament la gloire de Dieu,
le firmament raconte l'ouvrage de ses mains.
Le jour au jour en livre le récit
et la nuit à la nuit en donne connaissance. ℟

Pas de paroles dans ce récit,
pas de voix qui s'entende ;
mais sur toute la terre en paraît le message
et la nouvelle, aux limites du monde. ℟

Acclamation de l'Évangile

Alléluia. Alléluia. Moi, je suis le Chemin, la Vérité et la Vie, dit le Seigneur. Philippe, celui qui m'a vu a vu le Père. ***Alléluia.***

Évangile de Jésus Christ

selon saint Jean (14, 6-14)

« Il y a si longtemps que je suis avec vous, et tu ne me connais pas ! »

En ce temps-là, Jésus dit à Thomas : « Moi, je suis le Chemin, la Vérité et la Vie ; personne ne va vers le Père sans passer par moi. Puisque vous me connaissez, vous connaîtrez aussi mon Père. Dès maintenant vous le connaissez, et vous l'avez vu. » Philippe lui dit : « Seigneur, montre-nous le Père ; cela nous suffit. » Jésus lui répond : « Il y a si longtemps que je suis avec vous, et tu ne me connais pas, Philippe ! Celui qui m'a vu a vu le Père. Comment peux-tu dire : "Montre-nous le Père" ? Tu ne crois donc pas que je suis dans le Père et que le Père est en moi ! Les paroles que je vous dis, je ne les dis pas de moi-même ; le Père qui demeure en moi fait ses propres œuvres. Croyez-moi : je suis dans le Père, et le Père est en moi ; si vous ne me croyez pas, croyez du moins à cause des œuvres elles-mêmes. Amen, amen, je vous le dis : celui qui croit en moi fera les œuvres que je fais. Il en fera même de plus grandes, parce que je pars vers le Père, et tout ce que vous demanderez en mon nom, je le ferai, afin que le Père soit glorifié dans le Fils. Quand vous me demanderez quelque chose en mon nom, moi, je le ferai. »

Prière sur les offrandes

Reçois les offrandes que nous t'apportons, Seigneur, en la fête des apôtres Philippe et Jacques ; accorde-nous de pratiquer d'une manière irréprochable et pure la religion qu'ils ont enseignée. Par le Christ, notre Seigneur. ***— Amen.***

Prière eucharistique *(1re préface des Apôtres)*

Vraiment, il est juste et bon, pour ta gloire et notre salut, de t'offrir notre action de grâce, toujours et en tout lieu, Seigneur, Père très saint, Dieu éternel et tout-puissant. Tu n'abandonnes pas ton troupeau, Pasteur éternel, mais tu le gardes par les bienheureux Apôtres sous ta constante protection, pour qu'il

soit dirigé par ceux-là mêmes que tu as établis à sa tête comme pasteurs au nom de ton Fils. C'est pourquoi, avec les anges et les archanges, avec les puissances d'en haut et tous les esprits bienheureux, nous chantons l'hymne de ta gloire et sans fin nous proclamons:
Saint! Saint! Saint...

Antienne de la communion

« Seigneur, dit Philippe, montre-nous le Père ; cela nous suffit. »
Jésus répondit : « Philippe, qui me voit, voit le Père », alléluia.
(cf. Jn 14, 8-9)

Prière après la communion

Purifie nos esprits, Seigneur, par cette communion à tes mystères : ainsi, avec les apôtres Philippe et Jacques, nous pourrons te contempler dans le Fils et obtenir la vie éternelle. Par le Christ, notre Seigneur. — ***Amen.***

INVITATION

Je m'arrête sur une parole de Jésus dans l'évangile : c'est le Père qui me parle.

COMMENTAIRE

La révélation à son sommet

Jean 14, 6-14

Le quatrième évangile vient de montrer Jésus s'abaissant pour laver les pieds des disciples, pardonnant par avance au traître. Maintenant, comme en symétrie, le texte porte la révélation à son sommet. Jésus se présente aux siens comme parfait interprète de Dieu. En lui, l'Origine nous a tout dit et a dévoilé qui elle est : Vie partagée, Chemin infini, Vérité qui illumine. ■ ***Jean-Marc Liautaud**, Fondacio*

SAMEDI 4 MAI 2024

5E SEMAINE DE PÂQUES COULEUR LITURGIQUE : BLANC

Temps pascal, *messe de la férie*

Antienne d'ouverture

Dans le baptême, vous avez été mis au tombeau avec le Christ et vous êtes ressuscités avec lui par la foi en la force de Dieu qui l'a ressuscité d'entre les morts, alléluia. (Col 2, 12)

Prière

Dieu éternel et tout-puissant, tu as voulu nous donner la vie du ciel en nous faisant renaître par le baptême ; nous t'en prions : toi qui nous ouvres à l'immortalité en faisant de nous des justes, donne-nous de parvenir, sous ta conduite, jusqu'à la plénitude de la gloire. Par Jésus… — ***Amen.***

Lecture

du livre des Actes des Apôtres (16, 1-10)

« Passe en Macédoine et viens à notre secours »

En ces jours-là, Paul, qui avait quitté Antioche avec Silas, arriva ensuite à Derbé, puis à Lystres. Il y avait là un disciple nommé Timothée ; sa mère était une Juive devenue croyante, mais son père était grec. À Lystres et à Iconium, les frères lui rendaient un bon témoignage. Paul désirait l'emmener ; il le prit avec lui et le fit circoncire à cause des Juifs de la région, car ils savaient tous que son père était grec. Dans les villes où Paul

et ses compagnons passaient, ils transmettaient les décisions prises par les Apôtres et les Anciens de Jérusalem, pour qu'elles entrent en vigueur. Les Églises s'affermissaient dans la foi et le nombre de leurs membres augmentait chaque jour. Paul et ses compagnons traversèrent la Phrygie et le pays des Galates, car le Saint-Esprit les avait empêchés de dire la Parole dans la province d'Asie. Arrivés en Mysie, ils essayèrent d'atteindre la Bithynie, mais l'Esprit de Jésus s'y opposa. Ils longèrent alors la Mysie et descendirent jusqu'à Troas. Pendant la nuit, Paul eut une vision : un Macédonien lui apparut, debout, qui lui faisait cette demande : « Passe en Macédoine et viens à notre secours. » À la suite de cette vision de Paul, nous avons aussitôt cherché à partir pour la Macédoine, car nous en avons déduit que Dieu nous appelait à y porter la Bonne Nouvelle. – Parole du Seigneur.

Psaume 99 (100)

℟ ***Acclamez le Seigneur, terre entière !***
OU ***Alléluia !***

Acclamez le Seigneur, terre entière,
servez le Seigneur dans l'allégresse,
venez à lui avec des chants de joie ! ℟

Reconnaissez que le Seigneur est Dieu :
il nous a faits, et nous sommes à lui,
nous, son peuple, son troupeau. ℟

Oui, le Seigneur est bon,
éternel est son amour,
sa fidélité demeure d'âge en âge. ℟

Acclamation de l'Évangile

Alléluia. Alléluia. Si vous êtes ressuscités avec le Christ, recherchez les réalités d'en haut : c'est là qu'est le Christ, assis à la droite de Dieu. ***Alléluia.***

Évangile de Jésus Christ

selon saint Jean (15, 18-21)

« Vous n'appartenez pas au monde, puisque je vous ai choisis en vous prenant dans le monde »

En ce temps-là, Jésus disait à ses disciples : « Si le monde a de la haine contre vous, sachez qu'il en a eu d'abord contre moi. Si vous apparteniez au monde, le monde aimerait ce qui est à lui. Mais vous n'appartenez pas au monde, puisque je vous ai choisis en vous prenant dans le monde ; voilà pourquoi le monde a de la haine contre vous. Rappelez-vous la parole que je vous ai dite : un serviteur n'est pas plus grand que son maître. Si l'on m'a persécuté, on vous persécutera, vous aussi. Si l'on a gardé ma parole, on gardera aussi la vôtre. Les gens vous traiteront ainsi à cause de mon nom, parce qu'ils ne connaissent pas Celui qui m'a envoyé. »

Prière sur les offrandes

Reçois avec bonté les offrandes de ta famille, nous t'en prions, Seigneur, garde-la sous ta protection : qu'elle ne perde aucun des bienfaits déjà reçus, et parvienne aux dons éternels. Par le Christ, notre Seigneur. ***— Amen.***

Préface du temps pascal, p. 225.

Antienne de la communion
Père, je te prie pour eux :
qu'ils soient un en nous, eux aussi,
pour que le monde croie
que tu m'as envoyé, dit le Seigneur,
alléluia.
(Jn 17, 20-21)

Prière après la communion
Nous t'en prions, Seigneur, ne cesse pas de protéger avec tendresse ceux que tu as sauvés : la passion de ton Fils les a rachetés, qu'ils trouvent leur joie dans sa résurrection. Lui qui…
— Amen.

INVITATION

Des chrétiens vivent aujourd'hui la persécution. Je peux décider de soutenir une association qui leur vient en aide et de prier pour eux.

COMMENTAIRE

Porte ouverte

Actes 16, 1-10

Impossible de savoir à quels signes Paul a reconnu que c'était l'Esprit Saint qui, par deux fois, lui barrait une route pourtant cohérente pour la suite de sa mission. Mystère de nos discernements, qui parfois passent par bien des tâtonnements. Mais ici Dieu ne fait pas que fermer la porte : il en ouvre une autre en offrant à Paul ce songe d'un Macédonien en détresse. Confions-lui nos chemins ! ■

***Jean-Marc Liautaud**, Fondacio*

DIMANCHE 5 MAI 2024

6ᴱ DIMANCHE DE PÂQUES

ANNÉE B – COULEUR LITURGIQUE : BLANC

« Aimez-vous les uns les autres comme je vous ai aimés. » Jean 15, 12

« Aimez-vous les uns les autres. » Avec ce commandement, le Christ nous ramène à l'essentiel. L'amour auquel le Christ nous convie n'est pas l'amour sentimental des comédies romantiques. Aimer peut conduire à donner sa vie pour l'autre. C'est d'ailleurs ce qu'a fait le Christ. Demandons au Ressuscité d'apprendre à donner notre vie, pour nos proches et pour ceux qui font appel à nous.

RITES INITIAUX

Chant d'entrée *(Suggestions p. 248)*
OU
Antienne d'ouverture
Avec des cris de joie, répandez la nouvelle, portez-la jusqu'aux extrémités de la terre : le Seigneur a libéré son peuple, alléluia.
(cf. Is 48, 20)

Suggestion de préparation pénitentielle *(ou p. 218)*
Frères et sœurs, en ce dimanche où le Christ nous appelle à nous aimer les uns les autres, préparons-nous à célébrer le mystère de l'eucharistie en reconnaissant notre péché.

Prends pitié de nous, Seigneur, toi qui as donné ta vie pour nous tous, tu nous appelles à marcher sur un chemin d'amour et de bonté.
— Nous avons péché contre toi.
Montre-nous, Seigneur, ta miséricorde, toi qui nous as manifesté l'amour du Père, tu nous invites à porter du fruit, un fruit qui demeure.
— Et donne-nous ton salut.

Que Dieu tout-puissant nous fasse miséricorde ; qu'il nous pardonne nos péchés et nous conduise à la vie éternelle. ***— Amen.***
Ensuite, on chante ou on dit le Kyrie (p. 219).

Gloire à Dieu (p. 221)

Prière
Dieu tout-puissant, accorde-nous, en ces jours de fête, de célébrer avec ferveur le Seigneur ressuscité : puissions-nous mettre en œuvre fidèlement tout ce dont nous faisons mémoire. Par Jésus… — ***Amen.***

LITURGIE DE LA PAROLE

Lecture du livre des Actes des Apôtres (10, 25-26.34-35.44-48)

« Même sur les nations païennes,
le don de l'Esprit Saint avait été répandu »

Comme Pierre arrivait à Césarée chez Corneille, centurion de l'armée romaine, celui-ci vint à sa rencontre, et, tombant à ses pieds, il se prosterna. Mais Pierre le releva en disant : « Lève-toi. Je ne suis qu'un homme, moi aussi. » Alors Pierre prit la parole et dit : « En vérité, je le comprends, Dieu est impartial : il accueille, quelle que soit la nation, celui qui le craint et dont les œuvres sont justes. » Pierre parlait encore quand l'Esprit Saint descendit sur tous ceux qui écoutaient la Parole. Les croyants qui accompagnaient Pierre, et qui étaient juifs d'origine, furent stupéfaits de voir que, même sur les nations, le don de l'Esprit Saint avait été répandu. En effet, on les entendait parler en langues et chanter la grandeur de Dieu. Pierre dit alors : « Quelqu'un peut-il refuser

l'eau du baptême à ces gens qui ont reçu l'Esprit Saint tout comme nous ? » Et il donna l'ordre de les baptiser au nom de Jésus Christ. Alors ils lui demandèrent de rester quelques jours avec eux.
– Parole du Seigneur.

Psaume 97 (98)

℟ ***Le Seigneur a fait connaître sa victoire***
et révélé sa justice aux nations.
OU ***Alléluia !***

T. : AELF; M. : L. Groslambert; Éd. : ADF.

Chantez au Seigneur un chant nouveau,
car il a fait des merveilles ;
par son bras très saint, par sa main puissante,
il s'est assuré la victoire. ℟

Le Seigneur a fait connaître sa victoire
et révélé sa justice aux nations ;
il s'est rappelé sa fidélité, son amour,
en faveur de la maison d'Israël. ℟

La terre tout entière a vu
la victoire de notre Dieu.
Acclamez le Seigneur, terre entière,
sonnez, chantez, jouez ! ℟

Retrouvez ce psaume sur le CD "Les psaumes de l'année B"

Lecture de la première lettre de saint Jean (4, 7-10)

« Dieu est amour »

Bien-aimés, aimons-nous les uns les autres, puisque l'amour vient de Dieu. Celui qui aime est né de Dieu et connaît Dieu. Celui qui n'aime pas n'a pas connu Dieu, car Dieu est amour. Voici comment l'amour de Dieu s'est manifesté parmi nous : Dieu a envoyé son Fils unique dans le monde pour que nous vivions par lui. Voici en quoi consiste l'amour : ce n'est pas nous qui avons aimé Dieu, mais c'est lui qui nous a aimés, et il a envoyé son Fils en sacrifice de pardon pour nos péchés.

– Parole du Seigneur.

Acclamation de l'Évangile

Alléluia. Alléluia. Si quelqu'un m'aime, il gardera ma parole, dit le Seigneur ; mon Père l'aimera, et nous viendrons vers lui. ***Alléluia.***

T. : AELF; M. : P. Robert.

Évangile de Jésus Christ selon saint Jean (15, 9-17)

« Il n'y a pas de plus grand amour que de donner sa vie pour ceux qu'on aime »

En ce temps-là, Jésus disait à ses disciples : « Comme le Père m'a aimé, moi aussi je vous ai aimés. Demeurez dans mon amour. Si vous gardez mes commandements, vous demeurerez dans mon amour, comme moi, j'ai gardé les commandements de mon Père, et je demeure dans son amour. Je vous ai dit cela pour que ma joie soit en vous, et que votre joie soit parfaite. Mon commandement, le voici : Aimez-vous les uns les autres comme je vous ai aimés. Il n'y a pas de plus grand amour que de donner sa vie pour ceux qu'on aime. Vous êtes mes amis si vous faites ce que je vous commande. Je ne vous appelle plus serviteurs, car le serviteur ne sait pas ce que fait son maître ; je vous appelle mes amis, car tout ce que j'ai entendu de mon Père, je vous l'ai fait connaître. Ce n'est pas vous qui m'avez choisi, c'est moi qui vous ai choisis et établis afin que vous alliez, que vous portiez du fruit, et que votre fruit demeure. Alors, tout ce que vous demanderez au Père en mon nom, il vous le donnera. Voici ce que je vous commande : c'est de vous aimer les uns les autres. »

Homélie

Profession de foi (p. 222)

Suggestion de prière universelle

Le prêtre :

Le Christ nous a aimés jusqu'au bout, il a donné sa vie pour nous. Avec confiance, prions-le pour les habitants du monde.

℟ ***Entends, Seigneur, la prière qui monte de nos cœurs.***

Bayard Liturgie.

Le diacre ou un lecteur :

« Je vous ai établis afin que vous portiez du fruit. » Ô Christ, nous te remercions pour l'Église qui apporte au monde l'espérance et la paix. Qu'elle soit créative pour annoncer la Bonne Nouvelle à tous les peuples. Ensemble, prions. ℟

« Il n'y a pas de plus grand amour que de donner sa vie. » Ô Christ, nous te disons merci pour les hommes et femmes politiques qui se donnent sans compter dans leur mission. Qu'ils aient le courage de lutter en faveur des plus fragiles. Ensemble, prions. ℟

« Aimez-vous les uns les autres. » Ô Christ, nous te remercions pour les personnes et les associations qui prennent soin des migrants. Que ceux-ci trouvent dans notre pays l'espoir d'une vie meilleure. Ensemble, nous te prions. ℟

« Tout ce que j'ai entendu de mon Père, je vous l'ai fait connaître. » Ô Christ, nous te disons merci pour les religieux, les religieuses et les séminaristes de notre diocèse. Que leur formation les conduise à être des témoins crédibles de l'Évangile. Avec le pape François, nous te prions. ℟

(Ces intentions seront adaptées ou modifiées selon les circonstances.)

Le prêtre :

Seigneur Jésus, toi qui nous appelles à nous aimer les uns les autres, nous t'en prions, écoute nos prières, daigne les exaucer, toi qui vis et règnes pour les siècles des siècles. — ***Amen.***

LITURGIE EUCHARISTIQUE

Prière sur les offrandes

Que nos prières montent vers toi, Seigneur, avec ces offrandes pour le sacrifice ; dans ta bonté, purifie-nous, et nous serons mieux préparés au sacrement de ton amour infini. Par le Christ, notre Seigneur.
— Amen.

Prière eucharistique *(Préface du temps pascal, p. 225)*

Chant de communion *(Suggestions p. 248)*

OU

Antienne de la communion

Si vous m'aimez, dit le Seigneur, vous garderez
mes commandements. Moi, je prierai le Père,
et il vous donnera un autre Défenseur
qui sera pour toujours avec vous, alléluia.
(Jn 14, 15-16)

Prière après la communion

Dieu éternel et tout-puissant, dans la résurrection du Christ, tu nous recrées pour la vie éternelle ; multiplie en nous les fruits du sacrement pascal : répands en nos cœurs la force de cette nourriture qui apporte le salut. Par le Christ, notre Seigneur. ***— Amen.***

RITE DE CONCLUSION

Bénédiction solennelle

En ressuscitant son Fils unique, Dieu vous a accordé le bienfait de la rédemption, il a fait de vous ses enfants : qu'il vous donne la joie de sa bénédiction.

— Amen.

Du Rédempteur, vous avez reçu d'être libres à jamais : qu'il vous accorde aussi d'avoir part à l'héritage éternel.

— Amen.

Par la foi au Christ, dans le baptême vous êtes déjà ressuscités ; par la droiture de votre vie présente, puissiez-vous mériter de lui être unis dans la patrie du ciel.

— Amen.

Et que la bénédiction de Dieu tout-puissant, le Père, et le Fils, + et le Saint-Esprit, descende sur vous et y demeure toujours.

— Amen.

Envoi

COMMENTAIRE DU DIMANCHE

Jonathan Guilbault, directeur éditorial de *Prions en Église* Canada

La joie du nombre

Peut-être est-ce une conséquence des années pandémiques, au cours desquelles les rassemblements, même familiaux, étaient rarissimes : mon fils de 5 ans est toujours étonné lorsque je lui annonce que le soir même, nous recevrons un grand nombre de convives. Son émerveillement lorsqu'il prend conscience de l'envergure de la fête m'émeut à chaque fois. « Il y aura Mimi, mais aussi Grand Pierre ? et même Tatie Mili ? et Liano également ? ! » La bonne nouvelle qu'il vient d'apprendre, à savoir qu'on « va tous pouvoir jouer ensemble », le rend joyeux en proportion du nombre de personnes avec lesquelles il pourra la partager, le temps d'une soirée.

La joie de saint Pierre, lorsqu'il prit conscience que l'Esprit Saint se répandait dans toutes les nations, devait être du même •••

••• type. Dieu lui faisait une bonne surprise, se donnant au-delà des horizons auxquels Pierre était habitué.
Les siècles ont passé, et les gens d'Église n'ont pas toujours honoré la pureté de la joie de l'Apôtre. On a érigé des clôtures pour délimiter le périmètre du salut. Bien sûr, Dieu offrait son amour à tous, pour autant qu'on entre dans l'enclos des brebis. On ne peut certes pas renoncer à tout marqueur identitaire. Être catholique, ça ne veut pas dire tout et n'importe quoi. Cependant, notre posture spirituelle de base devrait être celle de Pierre : un émerveillement mêlé d'humilité devant la générosité et l'ingéniosité de Dieu, dont les voies de communication sont innombrables.

M'arrive-t-il de penser que les autres sont éloignés de Dieu ?
Est-ce parfois en raison de préjugés ?
M'arrive-t-il encore d'être surpris par Dieu ?
Est-ce que cette surprise suscite de l'agacement ou de la joie ? ■

Prions en Église junior

LIRE L'ÉVANGILE AVEC LES ENFANTS

CE QUE JE DÉCOUVRE

Quelle joie ! Le Christ veut partager son amour avec nous. Il nous a choisis comme amis et nous invite à vivre comme lui, en étant remplis d'amour et en donnant beaucoup aux autres. **Être l'ami de Jésus, c'est croire que cet amour est possible en nous et entre nous.** Jésus nous dit de « nous aimer les uns les autres ».

CE QUE JE VIS

Connais-tu des personnes qui donnent leur vie pour les autres ? Et toi, qu'as-tu envie de donner à tes parents, à tes amis, à Jésus ? **Choisis une photo où ta famille est réunie. Regarde bien tous les visages. Et prie pour chacun.**

Texte : Pierre-Marie Leroy. Illustrations : Marcelino Truong

MÉDITATION BIBLIQUE
6E DIMANCHE DE PÂQUES
Livre des Actes des Apôtres 10, 25-26.34-35.44-48

L'Esprit ouvert

La première lecture de ce jour explique que l'Esprit descend sur tous ceux qui écoutent la Parole. Le don de Dieu s'inscrit et jaillit de nos rencontres et de notre accueil de la vie là où elle est.

Le temps de la préparation

« Je ne vous appelle plus serviteurs, car le serviteur ne sait pas ce que fait son maître ; je vous appelle mes amis, car tout ce que j'ai entendu de mon Père, je vous l'ai fait connaître. » (Jn 15, 15)

Le temps de l'observation

Pierre, Corneille et tous les présents font ensemble l'expérience du don. Que dire de ce qui leur arrive ? D'abord que l'événement est inattendu et qu'aucun ne s'est préparé à l'impact de l'Esprit Saint au cœur de la situation. La surprise est d'autant plus forte que les fruits de l'Esprit viennent bousculer l'ordre établi. Comme au moment de l'Annonciation, le don de Dieu semble se moquer des frontières sociales et religieuses à l'œuvre dans la société. En s'adressant à des non-Juifs et en établissant un dialogue avec eux, l'action de l'Esprit surprend et interroge. Mais il donne également aux personnes juives, d'abord interloquées, la capacité à rapidement se rendre compte qu'il faut adapter les frontières existantes. Le don conduit donc également à cette capacité à renouveler son action et ses schémas de penser. Le tout se traduit par un vivre-ensemble revivifié qui s'inscrit dans la continuité de la relation.

Le temps de la méditation

Le don de l'Esprit de Dieu n'est possible que parce que Pierre et Corneille se rencontrent. L'un se précipite à la rencontre de l'autre tandis que celui-ci le reçoit dans une humilité non feinte. Les deux se font face dans la sincérité et l'absence de surplomb. C'est au moment où Pierre tente de dire des paroles de bienvenue et d'accueil que le don de Dieu prend toute son ampleur. La mise en récit de cet événement est précieuse. Le don de Dieu ne se fait pas sans une rencontre authentique en amont et sans une ouverture à un compagnonnage en aval. Ce récit peut être d'actualité dans nos vies. Nombreuses sont les situations où nous sommes tentés de répondre par la fermeture au nom d'une expérience de Dieu passée. Or la parole de Dieu, comme la manne, ne se stocke pas. Le don se renouvelle au cœur des enjeux de notre temps. La seule exigence est celle d'une ouverture à ce qui fait la vie de l'autre.

Le temps de la prière

« Ce n'est pas vous qui m'avez choisi, c'est moi qui vous ai choisis et établis, afin que vous alliez, que vous portiez du fruit, et que votre fruit demeure. » (Jn 15, 16) ■

Marie-Laure Durand,
bibliste

L'ÉVÉNEMENT

30E ANNIVERSAIRE DU MARTYRE DE SŒUR PAUL-HÉLÈNE DE GETHSÉMANI

Bienheureuse Paul-Hélène

Le 8 mai, l'Église célèbre la mémoire des bienheureux Pierre Claverie et ses compagnons, martyrs d'Algérie. Parmi eux, sœur Paul-Hélène de Gethsémani, Petite Sœur de l'Assomption (PSA), fut assassinée le 8 mai 1994, il y a trente ans. Sa congrégation lui rend un hommage spécial cette année.

La communauté des Petites Sœurs de l'Assomption (PSA) d'Antony organise le 8 mai une rencontre autour de sœur Paul-Hélène Saint-Raymond et de frère Henri Vergès, mariste. Martyrs d'Algérie, ils ont été béatifiés le 8 décembre 2018 avec dix-sept autres martyrs d'Algérie, dont les moines de Tibhirine.

Physicienne et ingénieure de formation, sœur Paul-Hélène a réalisé au Maghreb, un « travail intensif sur le plan sanitaire », raconte sœur Madeleine Rémond, archiviste de la congrégation. La religieuse est envoyée en 1963 par la communauté comme infirmière. À la fin de sa vie, elle s'occupe d'une bibliothèque se situant dans un quartier défavorisé. Lorsque la situation politique en Algérie empire, les cinq sœurs décident de rester, car « nos vies sont déjà données » confie

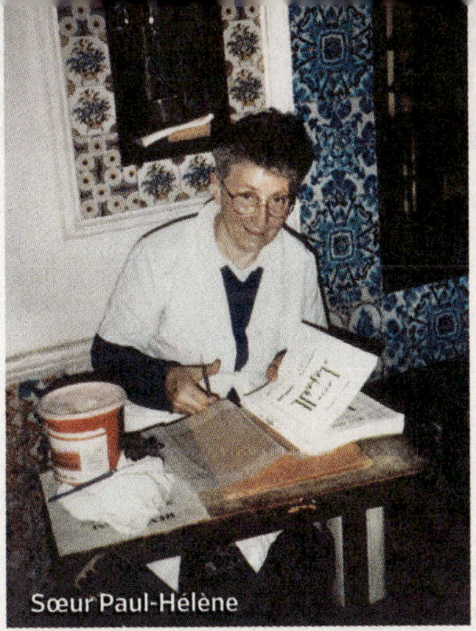
Sœur Paul-Hélène

DR

sœur Paul-Hélène à l'évêque d'Alger, Mgr Henri Teissier. Quelques semaines après, la religieuse est assassinée d'une balle dans la nuque, quelques secondes avant le frère Henri Vergès.

Ouverte à tous, la commémoration a lieu à la maison mère des PSA, située 57 rue Violet à Paris (XVᵉ) à 15 heures. Après un temps de discussions autour de la vie de chacun des deux martyrs, une messe sera célébrée à 16 h 30, suivie d'un pot de l'amitié. ■

Anne-Quitterie Jozeau

SŒUR PAUL-HÉLÈNE, UN MODÈLE ACTUEL

Sœur Paul-Hélène a eu « une vie donnée à Dieu et aux pauvres, et ceci quels que soient les problèmes rencontrés, dans la ligne de ce qu'insuffle le pape François. On ne peut pas vivre la vie chrétienne sans avoir ce souci des pauvres et de ceux qui sont en difficulté », commente sœur Madeleine Rémond, archiviste de la congrégation des Petites Sœurs de l'Assomption, avant d'ajouter : « Le souci de notre sœur était de rester fidèle à sa vocation là où elle avait été envoyée. »

LUNDI 6 MAI 2024

6[E] SEMAINE DE PÂQUES COULEUR LITURGIQUE : BLANC

Temps pascal, *messe de la férie*

Antienne d'ouverture

Ressuscité d'entre les morts,
le Christ ne meurt plus ;
sur lui, la mort n'a plus de pouvoir, alléluia.
(Rm 6, 9)

Prière

Dieu de miséricorde, donne-nous de voir fructifier, tout au long de notre vie, ce que nous célébrons dans le temps pascal. Par Jésus… —***Amen.***

Lecture

du livre des Actes des Apôtres (16, 11-15)

« Le Seigneur lui ouvrit l'esprit pour la rendre attentive à ce que disait Paul »

Avec Paul, de Troas nous avons gagné le large et filé tout droit sur l'île de Samothrace, puis, le lendemain, sur Néapolis, et ensuite sur Philippes, qui est une cité du premier district de Macédoine et une colonie romaine. Nous avons passé un certain temps dans cette ville et, le jour du sabbat, nous en avons franchi la porte pour rejoindre le bord de la rivière, où nous pensions trouver un lieu de prière. Nous nous sommes assis, et nous avons parlé aux femmes qui s'étaient réunies.

L'une d'elles nommée Lydie, une négociante en étoffes de pourpre, originaire de la ville de Thyatire, et qui adorait le Dieu unique, écoutait. Le Seigneur lui ouvrit l'esprit pour la rendre attentive à ce que disait Paul. Quand elle fut baptisée, elle et tous les gens de sa maison, elle nous adressa cette invitation : « Si vous avez reconnu ma foi au Seigneur, venez donc dans ma maison pour y demeurer. » C'est ainsi qu'elle nous a forcé la main.

– Parole du Seigneur.

Psaume 149

℟ ***Le Seigneur aime son peuple !***
OU
Alléluia !

Chantez au Seigneur un chant nouveau,
louez-le dans l'assemblée de ses fidèles !
En Israël, joie pour son créateur ;
dans Sion, allégresse pour son Roi ! ℟

Dansez à la louange de son nom,
jouez pour lui, tambourins et cithares !
Car le Seigneur aime son peuple,
il donne aux humbles l'éclat de la victoire. ℟

Que les fidèles exultent, glorieux,
criant leur joie à l'heure du triomphe.
Qu'ils proclament les éloges de Dieu :
c'est la fierté de ses fidèles. ℟

Acclamation de l'Évangile

Alléluia. Alléluia. L'Esprit de vérité rendra témoignage en ma faveur, dit le Seigneur. Et vous aussi, vous allez rendre témoignage. ***Alléluia.***

Évangile de Jésus Christ

selon saint Jean (15, 26 – 16, 4a)

« L'Esprit de vérité rendra témoignage en ma faveur »

En ce temps-là, Jésus disait à ses disciples : « Quand viendra le Défenseur, que je vous enverrai d'auprès du Père, lui, l'Esprit de vérité qui procède du Père, il rendra témoignage en ma faveur. Et vous aussi, vous allez rendre témoignage, car vous êtes avec moi depuis le commencement. Je vous parle ainsi, pour que vous ne soyez pas scandalisés. On vous exclura des assemblées. Bien plus, l'heure vient où tous ceux qui vous tueront s'imagineront qu'ils rendent un culte à Dieu. Ils feront cela, parce qu'ils n'ont connu ni le Père ni moi. Eh bien, voici pourquoi je vous dis cela : quand l'heure sera venue, vous vous souviendrez que je vous l'avais dit. »

Prière sur les offrandes

Accueille, nous t'en prions, Seigneur, les dons de ton Église en fête ; tu es pour elle à l'origine d'un si grand bonheur : qu'il s'épanouisse en joie éternelle. Par le Christ, notre Seigneur. ***— Amen.***

Préface du temps pascal, p. 225.

Antienne de la communion

Jésus, debout au milieu des disciples,
leur dit : « La paix soit avec vous »,
alléluia. (Jn 20, 19)

Prière après la communion

Regarde avec bonté, Seigneur, nous t'en prions, le peuple que tu as rénové par tes sacrements ; accorde-nous de parvenir à la vie incorruptible lorsque notre chair ressuscitera dans la gloire. Par le Christ, notre Seigneur. **— Amen.**

INVITATION

En préparation de l'Ascension et de la Pentecôte, je pourrais vivre le sacrement de réconciliation. Et, si je suis concerné, pourquoi ne pas demander le sacrement des malades ?

COMMENTAIRE

Témoins d'Esprit Jean 15, 26 – 16, 4a

Nous sommes appelés à « rendre témoignage ». En quoi consistera ce témoignage ? En une vie parfaitement cohérente ? En un récit sensationnel déroulé devant des foules ébahies ? Pas vraiment. Le premier témoin, nous dit l'évangile, n'est pas l'homme mais l'Esprit Saint. Témoigner consistera donc à laisser l'Esprit agir à travers une vie peut-être un peu cabossée ou à l'apparence très ordinaire, mais vivifiée par le souffle de Dieu. ■ ***Bertrand Lesoing**, prêtre de la communauté Saint-Martin*

MARDI 7 MAI 2024

6E SEMAINE DE PÂQUES COULEUR LITURGIQUE : BLANC

Temps pascal, *messe de la férie*

Antienne d'ouverture

Soyons dans la joie, exultons, et rendons gloire à Dieu !
Il règne, le Seigneur notre Dieu,
le Souverain de l'univers, alléluia.
(Ap 19, 7.6)

Prière

Dieu de puissance et de miséricorde, donne-nous d'avoir vraiment part à la résurrection du Christ, ton Fils. Lui qui… ***— Amen.***

Lecture

du livre des Actes des Apôtres (16, 22-34)

« Crois au Seigneur Jésus,
et tu seras sauvé, toi et toute ta maison »

En ces jours-là, dans la ville de Philippes, la foule se déchaîna contre Paul et Silas. Les magistrats ordonnèrent de leur arracher les vêtements pour leur donner la bastonnade. Après les avoir roués de coups, on les jeta en prison, en donnant au geôlier la consigne de les surveiller de près. Pour appliquer cette consigne, il les mit tout au fond de la prison, avec les pieds coincés dans des blocs de bois. Vers le milieu de la nuit,

Paul et Silas priaient et chantaient les louanges de Dieu, et les autres détenus les écoutaient. Tout à coup, il y eut un violent tremblement de terre, qui secoua les fondations de la prison : à l'instant même, toutes les portes s'ouvrirent, et les liens de tous les détenus se détachèrent. Le geôlier, tiré de son sommeil, vit que les portes de la prison étaient ouvertes ; croyant que les détenus s'étaient évadés, il dégaina son épée et il était sur le point de se donner la mort. Mais Paul se mit à crier d'une voix forte : « Ne va pas te faire de mal, nous sommes tous là. » Ayant réclamé de la lumière, le geôlier se précipita et, tout tremblant, se jeta aux pieds de Paul et de Silas. Puis il les emmena dehors et leur demanda : « Que dois-je faire pour être sauvé, mes seigneurs ? » Ils lui répondirent : « Crois au Seigneur Jésus, et tu seras sauvé, toi et toute ta maison. » Ils lui annoncèrent la parole du Seigneur, ainsi qu'à tous ceux qui vivaient dans sa maison. À l'heure même, en pleine nuit, le geôlier les emmena pour laver leurs plaies. Aussitôt, il reçut le baptême avec tous les siens. Puis il fit monter chez lui Paul et Silas, il fit préparer la table et, avec toute sa maison, il laissa déborder sa joie de croire en Dieu.
– Parole du Seigneur.

Psaume 137 (138)

℟ ***Ta main droite me sauve, Seigneur.***
OU ***Alléluia !***

De tout mon cœur, Seigneur, je te rends grâce :
tu as entendu les paroles de ma bouche.

Je te chante en présence des anges,
vers ton temple sacré, je me prosterne. ℟

Je rends grâce à ton nom
pour ton amour et ta vérité,
car tu élèves, au-dessus de tout,
ton nom et ta parole.
Le jour où tu répondis à mon appel,
tu fis grandir en mon âme la force. ℟

Ta droite me rend vainqueur.
Le Seigneur fait tout pour moi !
Seigneur, éternel est ton amour :
n'arrête pas l'œuvre de tes mains. ℟

Acclamation de l'Évangile

Alléluia. Alléluia. Je vous enverrai l'Esprit de vérité, dit le Seigneur ; il vous conduira dans la vérité tout entière. ***Alléluia.***

Évangile de Jésus Christ

selon saint Jean (16, 5-11)

« Si je ne m'en vais pas, le Défenseur ne viendra pas à vous »

En ce temps-là, Jésus disait à ses disciples : « Je m'en vais maintenant auprès de Celui qui m'a envoyé, et aucun de vous ne me demande : "Où vas-tu ?" Mais, parce que je vous dis cela, la tristesse remplit votre cœur. Pourtant, je vous dis la vérité : il vaut mieux pour vous que je m'en aille*, car, si je ne m'en vais pas, le Défenseur ne viendra pas à vous ; mais si je pars, je vous l'enverrai. Quand il viendra, il établira la culpabilité du monde en matière de péché, de justice et de jugement. En matière de péché, puisqu'on ne croit pas en moi. En matière de justice, puisque je m'en vais auprès du Père, et que vous ne me verrez plus. En matière de jugement, puisque déjà le prince de ce monde est jugé. »

Prière sur les offrandes

Donne-nous, Seigneur, nous t'en prions, de toujours te rendre grâce par ces mystères de Pâques ; qu'ils continuent l'œuvre de notre relèvement et deviennent pour nous une source intarissable de joie. Par le Christ, notre Seigneur. ***— Amen.***

Préface du temps pascal, p. 225.

Antienne de la communion

Il fallait que le Christ connaisse
la souffrance et ressuscite
d'entre les morts pour entrer
dans sa gloire, alléluia.
(cf. Lc 24, 46.26)

Prière après la communion

Écoute nos prières, Seigneur : que cet échange très saint où l'homme est racheté nous soutienne durant la vie présente et nous procure les joies éternelles. Par le Christ, notre Seigneur.
— Amen.

INVITATION

Je souligne dans les textes du jour une phrase qui pourra m'accompagner tout au long de la journée.

COMMENTAIRE

Et maintenant… Jean 16, 5-11

« Je m'en vais maintenant », dit Jésus à ses Apôtres. Ces derniers, avant de recevoir l'Esprit Saint, vont donc faire l'expérience de la séparation, une expérience qui marque en profondeur chacune de nos existences : séparation après la mort d'un de nos proches, séparation d'avec les parents ou les enfants qui partent vivre au loin… Ces séparations qui sont autant de deuils – petits ou grands – peuvent aussi devenir le creuset et le réceptacle de l'amour de Dieu. De tout, le Seigneur peut faire jaillir la vie ! ■

Bertrand Lesoing, prêtre de la communauté Saint-Martin

❊ CLÉ DE LECTURE

« Il vaut mieux pour vous que je m'en aille » Jean 16, 7 *(p. 54)*

Jésus annonce sa mort : ses disciples ne le verront plus ; sur la Croix, il se remettra entre les mains du Père. Mais si Jésus s'en va, il ne les laisse pas seuls. Il leur enverra son Esprit : cette force d'amour qui le relie au Père, la force de vie et de résurrection que le Père lui rend, il la donnera à ses amis. Ils pourront alors constituer ce groupe de témoins appelés à l'annoncer jusqu'aux extrémités de la terre. Dans le monde où les forces de violence et de mort restent à l'œuvre, ils continueront à manifester qu'il est vivant et que le jugement a déjà eu lieu. Une fois pour toutes, le mal et la mort sont condamnés, et la justice de Dieu qui est amour et vérité continue à relever et à accompagner les humains qui mettent en lui leur foi. ■

Roselyne Dupont-Roc, bibliste

MERCREDI 8 MAI 2024

6E SEMAINE DE PÂQUES COULEUR LITURGIQUE : BLANC

Temps pascal, *messe de la férie*

5 - 11

Antienne d'ouverture

Je te rendrai grâce parmi les peuples, Seigneur ;
je proclamerai ton nom devant mes frères, alléluia. (Ps 17, 50 ; 21, 23)

Prière

Puisque nous célébrons dans la foi, Seigneur, la résurrection de ton Fils, accorde-nous de partager la joie de tous les saints lors de son avènement. Lui qui…

— Amen.

Lecture

du livre des Actes des Apôtres (17, 15.22 – 18, 1)

« Ce que vous vénérez sans le connaître, voilà ce que, moi, je viens vous annoncer »

En ces jours-là, ceux qui escortaient Paul le conduisirent jusqu'à Athènes. Puis ils s'en retournèrent, porteurs d'un message, avec l'ordre, pour Silas et Timothée, de rejoindre Paul le plus tôt possible. Alors Paul, debout au milieu de l'Aréopage, fit ce discours : « Athéniens, je peux observer que vous êtes, en toutes choses, des hommes particulièrement religieux. En effet, en me promenant et en observant vos monuments sacrés, j'ai même trouvé un autel avec cette inscription : "Au dieu inconnu." Or, ce que vous vénérez sans le connaître, voilà ce que, moi, je viens

vous annoncer. Le Dieu qui a fait le monde et tout ce qu'il contient, lui qui est Seigneur du ciel et de la terre, n'habite pas des sanctuaires faits de main d'homme ; il n'est pas non plus servi par des mains humaines, comme s'il avait besoin de quoi que ce soit, lui qui donne à tous la vie, le souffle et tout le nécessaire. À partir d'un seul homme, il a fait tous les peuples pour qu'ils habitent sur toute la surface de la terre, fixant les moments de leur histoire et les limites de leur habitat ; Dieu les a faits pour qu'ils le cherchent et, si possible, l'atteignent et le trouvent, lui qui, en fait, n'est pas loin de chacun de nous. Car c'est en lui que nous avons la vie, le mouvement et l'être. Ainsi l'ont également dit certains de vos poètes : *Nous sommes de sa descendance.* Si donc nous sommes de la descendance de Dieu, nous ne devons pas penser que la divinité est pareille à une statue d'or, d'argent ou de pierre sculptée par l'art et l'imagination de l'homme. Et voici que Dieu, sans tenir compte des temps où les hommes l'ont ignoré, leur enjoint maintenant de se convertir, tous et partout. En effet, il a fixé le jour où il va juger la terre avec justice, par un homme qu'il a établi pour cela, quand il l'a accrédité auprès de tous en le ressuscitant d'entre les morts. » Quand ils entendirent parler de résurrection des morts, les uns se moquaient, et les autres déclarèrent : « Là-dessus nous t'écouterons une autre fois. » C'est ainsi que Paul, se retirant du milieu d'eux, s'en alla. Cependant quelques hommes s'attachèrent à lui et devinrent croyants. Parmi eux, il y avait Denys, membre de l'Aréopage, et une femme nommée Damaris, ainsi que d'autres avec eux. Après cela, Paul s'éloigna d'Athènes et se rendit à Corinthe.

– Parole du Seigneur.

Psaume 148

℟ ***Le ciel et la terre sont remplis de ta gloire.***
OU
Alléluia !

Louez le Seigneur du haut des cieux,
louez-le dans les hauteurs.
Vous, tous ses anges, louez-le,
louez-le, tous les univers. ℟

Les rois de la terre et tous les peuples,
les princes et tous les juges de la terre ;
tous les jeunes gens et jeunes filles,
les vieillards comme les enfants. ℟

Qu'ils louent le nom du Seigneur,
le seul au-dessus de tout nom ;
sur le ciel et sur la terre, sa splendeur :
louange de tous ses fidèles ! ℟

Acclamation de l'Évangile

Alléluia. Alléluia. Moi, je prierai le Père, et il vous donnera un autre Défenseur qui sera pour toujours avec vous. ***Alléluia.***

Évangile de Jésus Christ

selon saint Jean (16, 12-15)

« L'Esprit de vérité vous conduira dans la vérité tout entière »

En ce temps-là, Jésus disait à ses disciples : « J'ai encore beaucoup de choses à vous dire, mais pour l'instant vous ne pouvez pas les porter. Quand il viendra, lui, l'Esprit de vérité*, il vous conduira dans la vérité tout entière. En effet, ce qu'il dira ne viendra pas de lui-même : mais ce

qu'il aura entendu, il le dira ; et ce qui va venir, il vous le fera connaître. Lui me glorifiera, car il recevra ce qui vient de moi pour vous le faire connaître. Tout ce que possède le Père est à moi ; voilà pourquoi je vous ai dit : L'Esprit reçoit ce qui vient de moi pour vous le faire connaître. »

Prière sur les offrandes

Seigneur notre Dieu, dans l'admirable échange du sacrifice eucharistique, tu nous fais participer à ton unique et souveraine divinité ; nous avons reçu la connaissance de ta vérité : accorde-nous de lui être fidèles par toute notre vie. Par le Christ, notre Seigneur. ***— Amen.***

Préface du temps pascal, p. 225.

Antienne de la communion

Je vous ai choisis en vous prenant
dans le monde, dit le Seigneur,
afin que vous alliez, que vous portiez
du fruit et que votre fruit demeure,
alléluia.

(Jn 15, 19.16)

Prière après la communion

Dans ta bienveillance, reste auprès de ton peuple, nous t'en prions, Seigneur ; puisque tu l'as initié aux sacrements du ciel, fais-le passer de ce qui est ancien à la vie nouvelle. Par le Christ, notre Seigneur. ***— Amen.***

INVITATION

Je prie avec le témoignage des bienheureux Pierre Claverie et ses compagnons, fêtés aujourd'hui en Afrique du Nord *(lire p. 46).*

COMMENTAIRE

Esprit, es-tu là ? Jean 16, 12-15

Jésus ne nous aurait donc pas tout dit ? C'est bien ce que semble suggérer l'évangile : « J'ai encore beaucoup de choses à vous dire. » Notre expérience nous le confirme. Face à tel drame ou tel échec, nous souhaiterions de sa part un peu plus d'explications ! Et Jésus d'ajouter : « L'Esprit de vérité vous conduira dans la vérité tout entière. » Le temps, la patience, l'humilité, tous ces fruits de l'Esprit Saint, sont donc nécessaires pour progressivement accueillir la lumière du Christ dans toutes les situations de notre vie. ■ ***Bertrand Lesoing**, prêtre de la communauté Saint-Martin*

✲ CLÉ DE LECTURE

« L'Esprit de vérité » Jean 16, 13 *(p. 59)*

Dans les psaumes, la « vérité » de Dieu, c'est sa fidélité et sa miséricorde, le roc de son amour sur lequel le fidèle peut s'appuyer. Dans la langue grecque, le mot évoque aussi le dévoilement, la vision définitive que nous espérons et vers laquelle nous marchons, conduits par l'Esprit, précédés par le Christ. Les évangiles de Matthieu et de Luc la voient briller sur le visage fragile de l'enfant qui vient de naître, tous nous invitent à la contempler sur celui du Crucifié. Paul, à Athènes, la présente d'abord aux philosophes sous la figure du dieu inconnu, qui leur a donné l'être et la vie. L'Esprit souffle où il veut ! Et notre marche vers la vérité ne peut que s'enrichir de partager la quête de tous les chercheurs de Dieu à travers le monde ! ■

***Roselyne Dupont-Roc**, bibliste*

JEUDI 9 MAI 2024

ASCENSION DU SEIGNEUR

ANNÉE B – COULEUR LITURGIQUE : BLANC

« Le Seigneur Jésus, après leur avoir parlé, fut enlevé au ciel. » Marc 16, 19

« Pourquoi restez-vous là à regarder le ciel ? » Comme les Apôtres voyant s'élever le Ressuscité, nous pouvons être habités par la tristesse et la nostalgie : « Si le Christ était là, en chair et en os, tout serait plus facile ! » Mais Jésus ne nous a pas abandonnés. Nous pouvons compter sur la force de son Esprit. Cette force nous donne d'être des témoins de la Bonne Nouvelle. Soyons dans la joie, Dieu est au milieu de nous !

RITES INITIAUX

Chant d'entrée *(Suggestions p. 248)*

OU

Antienne d'ouverture

Hommes de Galilée, pourquoi restez-vous là à regarder vers le ciel ?
Il viendra de la même manière,
celui que vous avez vu s'en aller vers le ciel, alléluia.
(cf. Ac 1, 11)

Suggestion de préparation pénitentielle *(ou p. 218)*

Parti au ciel rejoindre son Père, le Ressuscité ne nous abandonne pas. Son Esprit est au milieu de nous. Avec foi, tournons-nous vers le Seigneur et reconnaissons que nous sommes pécheurs.

Seigneur Jésus, toi qui nous envoies dans le monde entier pour proclamer l'Évangile, tu sais combien nous pouvons être ballottés par la violence et le ressentiment : Kyrie, eleison.

— Kyrie, eleison.

Ô Christ, toi qui nous appelles à vivre jour après jour dans l'espérance, tu nous invites à porter nos frères et sœurs en proie au doute et au chagrin : Christe, eleison.

— Christe, eleison.

Seigneur, toi qui nous envoies ton Esprit d'amour et de force, tu nous invites à garder l'unité par le lien de la paix : Kyrie, eleison.

— Kyrie, eleison.

Que Dieu tout-puissant nous fasse miséricorde ; qu'il nous pardonne nos péchés et nous conduise à la vie éternelle. **– Amen.**

Gloire à Dieu (p. 221)

Prière
Dieu tout-puissant, fais-nous exulter d'une joie sainte et nous réjouir dans une fervente action de grâce, car l'ascension de ton Fils, le Christ, nous introduit déjà auprès de toi, nous, les membres du corps dont il est la tête, appelés à vivre en espérance dans la gloire où il nous a précédés. Lui qui… **– Amen.**
OU
Nous t'en prions, Dieu tout-puissant : puisque nous croyons que ton Fils unique, notre Rédempteur, est aujourd'hui monté au ciel, accorde-nous d'habiter en esprit dans la demeure des cieux. Par Jésus… **– Amen.**

LITURGIE DE LA PAROLE

Lecture du livre des Actes des Apôtres (1, 1-11)

« Tandis que les Apôtres le regardaient, il s'éleva »

Cher Théophile, dans mon premier livre j'ai parlé de tout ce que Jésus a fait et enseigné depuis le moment où il commença, jusqu'au jour où il fut enlevé au ciel, après avoir, par l'Esprit Saint,

donné ses instructions aux Apôtres qu'il avait choisis. C'est à eux qu'il s'est présenté vivant après sa Passion ; il leur en a donné bien des preuves, puisque, pendant quarante jours, il leur est apparu et leur a parlé du royaume de Dieu.
Au cours d'un repas qu'il prenait avec eux, il leur donna l'ordre de ne pas quitter Jérusalem, mais d'y attendre que s'accomplisse la promesse du Père. Il déclara : « Cette promesse, vous l'avez entendue de ma bouche : alors que Jean a baptisé avec l'eau, vous, c'est dans l'Esprit Saint que vous serez baptisés d'ici peu de jours. »
Ainsi réunis, les Apôtres l'interrogeaient : « Seigneur, est-ce maintenant le temps où tu vas rétablir le royaume pour Israël ? » Jésus leur répondit : « Il ne vous appartient pas de connaître les temps et les moments que le Père a fixés de sa propre autorité. Mais vous allez recevoir une force quand le Saint-Esprit viendra sur vous ; vous serez alors mes témoins à Jérusalem, dans toute la Judée et la Samarie, et jusqu'aux extrémités de la terre. »
Après ces paroles, tandis que les Apôtres le regardaient, il s'éleva, et une nuée vint le soustraire à leurs yeux. Et comme ils fixaient encore le ciel où Jésus s'en allait, voici que, devant eux, se tenaient deux hommes en vêtements blancs, qui leur dirent : « Galiléens, pourquoi restez-vous là à regarder vers le ciel ? Ce Jésus qui a été enlevé au ciel d'auprès de vous, viendra de la même manière que vous l'avez vu s'en aller vers le ciel. »
– Parole du Seigneur.

Psaume 46 (47)

℟ ***Dieu s'élève parmi les ovations, le Seigneur, aux éclats du cor.***
OU ***Alléluia !***

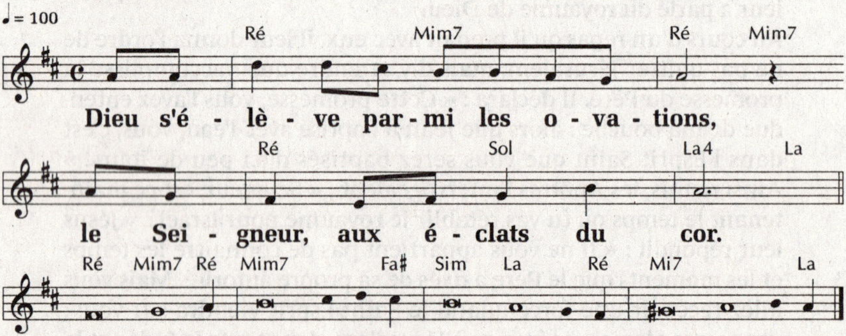

T. : AELF ; M. : G. Previdi ; Éd. : ADF.

Tous les peuples, battez des mains,
acclamez Dieu par vos cris de joie !
Car le Seigneur est le Très-Haut, le redoutable,
le grand roi sur toute la terre. ℟

Dieu s'élève parmi les ovations,
le Seigneur, aux éclats du cor.
Sonnez pour notre Dieu, sonnez,
sonnez pour notre roi, sonnez ! ℟

Retrouvez ce psaume sur le CD "Les psaumes de l'année B"

Car Dieu est le roi de la terre,
que vos musiques l'annoncent !
Il règne, Dieu, sur les païens,
Dieu est assis sur son trône sacré. ℟

Lecture de la lettre de saint Paul apôtre aux Éphésiens (4, 1-13)

Lecture brève : Ep 4, 1-7. 11-13

« Parvenir à la stature du Christ dans sa plénitude »

Frères, moi qui suis en prison à cause du Seigneur, je vous exhorte donc à vous conduire d'une manière digne de votre vocation : ayez beaucoup d'humilité, de douceur et de patience, supportez-vous les uns les autres avec amour ; ayez soin de garder l'unité dans l'Esprit par le lien de la paix. Comme votre vocation vous a tous appelés à une seule espérance, de même il y a un seul Corps et un seul Esprit. Il y a un seul Seigneur, une seule foi, un seul baptême, un seul Dieu et Père de tous, au-dessus de tous, par tous, et en tous. À chacun d'entre nous, la grâce a été donnée selon la mesure du don fait par le Christ.

Arrêt de la lecture brève

C'est pourquoi l'Écriture dit : *Il est monté sur la hauteur, il a capturé des captifs, il a fait des dons aux hommes.* Que veut dire : *Il est monté ?* – Cela veut dire qu'il était d'abord descendu dans les régions inférieures de la terre. Et celui qui était descendu est le même qui est monté au-dessus de tous les cieux pour remplir l'univers.

5 - 11

Reprise de la lecture brève

Et les *dons qu'il a faits,* ce sont les Apôtres, et aussi les prophètes, les évangélisateurs, les pasteurs et ceux qui enseignent. De cette manière, les fidèles sont organisés pour que les tâches du ministère soient accomplies et que se construise le corps du Christ, jusqu'à ce que nous parvenions tous ensemble à l'unité dans la foi et la pleine connaissance du Fils de Dieu, à l'état de l'Homme parfait, à la stature du Christ dans sa plénitude. – Parole du Seigneur.

Acclamation de l'Évangile

Alléluia. Alléluia. Allez ! De toutes les nations faites des disciples, dit le Seigneur. Moi, je suis avec vous tous les jours jusqu'à la fin du monde. ***Alléluia.***

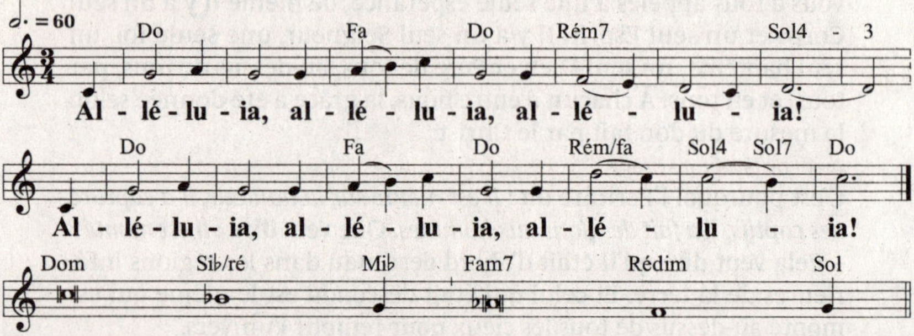

T. : AELF; M. : P. Robert.

Évangile de Jésus Christ selon saint Marc (16, 15-20)

« Jésus fut enlevé au ciel et s'assit à la droite de Dieu »

En ce temps-là, Jésus ressuscité se manifesta aux onze Apôtres et leur dit : « Allez dans le monde entier. Proclamez l'Évangile à toute la création. Celui qui croira et sera baptisé sera sauvé ; celui qui refusera de croire sera condamné. Voici les signes qui accompagneront ceux qui deviendront croyants : en mon nom, ils expulseront les démons ; ils parleront en langues nouvelles ; ils prendront des serpents dans leurs mains et, s'ils boivent un poison mortel, il ne leur fera pas de mal ; ils imposeront les mains aux malades, et les malades s'en trouveront bien. »
Le Seigneur Jésus, après leur avoir parlé, fut enlevé au ciel et s'assit à la droite de Dieu. Quant à eux, ils s'en allèrent proclamer partout l'Évangile. Le Seigneur travaillait avec eux et confirmait la Parole par les signes qui l'accompagnaient.

Homélie

Profession de foi *(p. 222)*

Suggestion de prière universelle

Le prêtre :

Le Ressuscité est monté au ciel, mais il continue à veiller sur nous. Avec confiance, tournons-nous vers Dieu notre Père, confions-lui tous les habitants de la terre.

℟ ***Notre Père, notre Père, nous te supplions humblement.***

B 4 Chalet; T. et M. : anonyme.

Le diacre ou un lecteur :

Grâce à une formation humaine, les religieuses, les religieux et les séminaristes grandissent dans leur parcours vocationnel. Qu'ils deviennent des témoins crédibles et joyeux de l'Évangile. Avec l'Église universelle, prions le Seigneur. ℟

Pour nos maires et nos élus, œuvrer en faveur du bien commun est un chemin semé d'embûches. Pour qu'ils gardent le cap de la justice, de l'équité et du souci de tous leurs administrés, prions le Seigneur. ℟

Nombreuses sont les personnes victimes de violences et d'abus en tous genres. Pour qu'elles trouvent des amis et des frères, prêts à les écouter et à leur apporter courage et consolation, prions le Seigneur. ℟

Nos catéchistes portent une belle mission, celle d'annoncer la Bonne Nouvelle à nos enfants et aux adultes qui découvrent la foi. Pour que l'Esprit les éclaire et les inspire, prions le Seigneur. ℟

(Ces intentions seront adaptées ou modifiées selon les circonstances.)

Le prêtre :

Dieu notre Père, toi qui veilles sur tous les hommes et leur envoie ton Esprit, en ce jour de l'Ascension, daigne exaucer nos prières. Par le Christ, notre Seigneur. ***— Amen.***

LITURGIE EUCHARISTIQUE

Prière sur les offrandes

Seigneur, en ce jour où nous fêtons l'admirable ascension de ton Fils auprès de toi, nous te présentons humblement ce sacrifice ; nous t'en prions, fais que cet échange très saint élève nos cœurs vers les réalités célestes. Par le Christ, notre Seigneur. ***— Amen.***

Prière eucharistique *(1re préface de l'Ascension)*

Vraiment, il est juste et bon, pour ta gloire et notre salut, de t'offrir notre action de grâce, toujours et en tout lieu, Seigneur, Père très saint, Dieu éternel et tout-puissant. Car le Seigneur Jésus, le Roi de gloire, vainqueur du péché et de la mort, s'élève aujourd'hui au plus haut des cieux devant les anges émerveillés, lui, le Médiateur entre Dieu et les hommes, Juge du monde et Seigneur de l'univers. Sans quitter notre condition humaine, le premier, il entre au ciel, tête de l'Église et commencement de tout ce qui existe, et il donne aux membres de son Corps l'espérance de le rejoindre un jour. C'est pourquoi la joie pascale rayonne par tout l'univers, la terre entière exulte, les puissances d'en haut et les anges dans le ciel chantent sans fin l'hymne de ta gloire : ***Saint ! Saint ! Saint...***

Chant de communion *(Suggestions p. 248)*

OU

Antienne de la communion

Je suis avec vous tous les jours jusqu'à la fin du monde, alléluia.
(Mt 28, 20)

Prière après la communion

Dieu éternel et tout-puissant, tu nous donnes d'avoir part aux mystères divins alors que nous sommes encore sur la terre ; mets en nos cœurs un grand désir d'être unis au Christ en qui notre nature humaine est déjà près de toi. Lui qui… ***— Amen.***

RITE DE CONCLUSION

Bénédiction solennelle

Aujourd'hui, le Fils unique est entré au plus haut des cieux, il a ouvert la voie pour que vous puissiez vous élever jusqu'à lui ; que Dieu tout-puissant vous comble de sa bénédiction.

– Amen.

Après sa résurrection, le Christ s'est manifesté à ses disciples : quand il viendra pour le jugement, qu'il vous soit favorable à jamais.

– Amen.

Le Christ, vous le croyez, siège avec le Père dans la gloire : puissiez-vous éprouver, avec joie, qu'il reste auprès de vous jusqu'à la fin du monde, comme il vous l'a promis.

– Amen.

Et que la bénédiction de Dieu tout-puissant, le Père, et le Fils, ✛ et le Saint-Esprit, descende sur vous et y demeure toujours.

– Amen.

Envoi

COMMENTAIRE DU JEUDI DE L'ASCENSION

Karem Bustica, rédactrice en chef de *Prions en Église*

Mouvement d'espérance

La première lecture de ce jeudi revisite le moment et la manière dont Jésus ressuscité rejoint le Père à travers son Ascension. Luc explore le contexte et les paroles de Jésus à ses Apôtres, mais fournit peu d'éléments sur le déroulement de l'élévation au ciel. La narration se concentre sur le regard des Apôtres, sur ce qu'ils observent puis ne voient plus mais qu'ils continuent de fixer. Cependant, le spectacle demeure sobre en comparaison avec un autre enlèvement céleste raconté dans l'Ancien Testament, celui du prophète Élie parti dans un ouragan, accompagné d'un char et de chevaux de feu (cf. 2 R 2, 11). En revanche, Luc note la présence d'une nuée et lie ainsi son récit à la vision du prophète Daniel, où un Fils d'homme arrive dans les nuées du ciel et reçoit une royauté éternelle (cf. Dn 7, 13-14). En

fin connaisseur des Écritures, Luc affirme leur accomplissement par Jésus Christ.
L'Ascension de Jésus ressuscité ne doit pas nous faire considérer que la vie chrétienne est une fuite vers le ciel. Au contraire, elle nous indique que Jésus est retourné au Père, dans un mouvement qui est le propre de l'espérance chrétienne. Ce sont les mots formulés par les deux hommes en vêtements blancs : « Ce Jésus qui a été enlevé au ciel d'auprès de vous, viendra de la même manière que vous l'avez vu s'en aller vers le ciel » (Ac 1, 11). En attendant, notre mission est d'annoncer cette bonne nouvelle, ici et maintenant.

Qu'évoque pour moi ce mystère de l'Ascension de Jésus ?

Quelle mission m'est aujourd'hui confiée par Jésus ? ■

VENDREDI 10 MAI 2024

6E SEMAINE DE PÂQUES COULEUR LITURGIQUE : BLANC

Temps pascal, *messe de la férie*
ou **saint Jean d'Avila**

Antienne d'ouverture

**Tu nous as rachetés par ton sang, Seigneur,
de toute tribu, langue, peuple et nation :
tu as fait de nous pour notre Dieu un royaume
et des prêtres, alléluia.** (cf. Ap 5, 9-10)

Prière

Seigneur Dieu, dans la résurrection du Christ, tu nous recrées pour la vie éternelle ; dirige nos regards vers celui qui siège à ta droite, l'auteur de notre salut, ainsi, au jour où notre Sauveur viendra en majesté, ceux que tu as fait renaître par le baptême seront revêtus de l'immortalité bienheureuse. Par Jésus…
— Amen.

Lecture

du livre des Actes des Apôtres (18, 9-18)

« Dans cette ville j'ai pour moi un peuple nombreux »

À Corinthe, une nuit, le Seigneur dit à Paul dans une vision : « Sois sans crainte : parle, ne garde pas le silence. Je suis avec toi, et personne ne s'en prendra à toi pour te maltraiter, car dans cette ville j'ai pour moi un peuple nombreux. » Paul y séjourna un an et demi et il

enseignait parmi les Corinthiens la parole de Dieu. Sous le proconsulat de Gallion en Grèce, les Juifs, unanimes, se dressèrent contre Paul et l'amenèrent devant le tribunal, en disant : « La manière dont cet individu incite les gens à adorer le Dieu unique est contraire à la loi. » Au moment où Paul allait ouvrir la bouche, Gallion déclara aux Juifs : « S'il s'agissait d'un délit ou d'un méfait grave, je recevrais votre plainte à vous, Juifs, comme il se doit. Mais s'il s'agit de débats sur des mots, sur des noms et sur la Loi qui vous est propre, cela vous regarde. Être juge en ces affaires, moi je m'y refuse. » Et il les chassa du tribunal. Tous alors se saisirent de Sosthène, chef de synagogue, et se mirent à le frapper devant le tribunal, tandis que Gallion restait complètement indifférent. Paul demeura encore assez longtemps à Corinthe. Puis il fit ses adieux aux frères et s'embarqua pour la Syrie, accompagné de Priscille et d'Aquila. À Cencrées, il s'était fait raser la tête, car le vœu qui le liait avait pris fin.
– Parole du Seigneur.

Psaume 46 (47)

℟ ***Dieu est le roi de toute la terre.***
OU ***Alléluia !***

Tous les peuples, battez des mains,
acclamez Dieu par vos cris de joie !
Car le Seigneur est le Très-Haut, le redoutable,
le grand roi sur toute la terre. ℟

Celui qui nous soumet des nations,
qui tient des peuples sous nos pieds ;
il choisit pour nous l'héritage,
fierté de Jacob, son bien-aimé. ℟

Dieu s'élève parmi les ovations,
le Seigneur, aux éclats du cor.

Sonnez pour notre Dieu, sonnez,
sonnez pour notre roi, sonnez ! ℟

Acclamation de l'Évangile

Alléluia. Alléluia. Le Christ devait souffrir et ressusciter d'entre les morts pour entrer dans la gloire. ***Alléluia.***

Évangile de Jésus Christ

selon saint Jean (16, 20-23a)

« Votre joie, personne ne vous l'enlèvera »

En ce temps-là, Jésus disait à ses disciples : « Amen, amen, je vous le dis : vous allez pleurer et vous lamenter, tandis que le monde se réjouira ; vous serez dans la peine, mais votre peine se changera en joie. La femme qui enfante est dans la peine parce que son heure est arrivée. Mais, quand l'enfant est né, elle ne se souvient plus de sa souffrance, tout heureuse qu'un être humain soit venu au monde. Vous aussi, maintenant, vous êtes dans la peine, mais je vous reverrai, et votre cœur se réjouira ; et votre joie, personne ne vous l'enlèvera. En ce jour-là, vous ne me poserez plus de questions. »

Prière sur les offrandes

Reçois avec bonté les offrandes de ta famille, nous t'en prions, Seigneur, garde-la sous ta protection : qu'elle ne perde aucun des bienfaits déjà reçus, et parvienne aux dons éternels. Par le Christ, notre Seigneur. ***— Amen.***

1re préface de l'Ascension, p. 71,
ou 2e préface de l'Ascension, p. 227.

Antienne de la communion
Le Christ, notre Seigneur, livré pour nos fautes, est ressuscité pour nous rendre justes, alléluia. (cf. Rm 4, 25)

Prière après la communion
Nous t'en prions, Seigneur, ne cesse pas de protéger avec tendresse ceux que tu as sauvés : la passion de ton Fils les a rachetés, qu'ils trouvent leur joie dans sa résurrection. Lui qui…
— Amen.

INVITATION

La bulle d'indiction du Jubilé de l'espérance a été publiée hier. Je pourrais me renseigner sur les dates principales de l'Année sainte qui va s'ouvrir.

COMMENTAIRE

Contradiction ou espérance ? Jean 16, 20-23a

Jésus se plaît à brouiller les pistes, annonçant presque simultanément les plus grands tourments – « Vous allez pleurer et vous lamenter » – comme les plus grandes joies – « Votre joie, personne ne vous l'enlèvera ». Une contradiction ? Non, une espérance ! Nous ne connaissons pas le détail des événements à venir, nous ne sommes nullement prémunis contre les heurts et tribulations de cette vie mais nous savons que la nuit et l'obscurité n'auront jamais le dernier mot. ■

Bertrand Lesoing, *prêtre de la communauté Saint-Martin*

SAMEDI 11 MAI 2024

6[E] SEMAINE DE PÂQUES COULEUR LITURGIQUE : BLANC

Temps pascal, *messe de la férie*

Antienne d'ouverture

Peuple racheté par Dieu, vous tous, annoncez
les merveilles de celui qui vous a appelés des ténèbres
à son admirable lumière, alléluia.
(cf. 1 P 2, 9)

Prière

Seigneur Dieu, en montant au ciel, ton Fils a promis l'Esprit Saint aux Apôtres ; nous t'en prions : de même qu'ils reçurent des grâces multiples leur apprenant les réalités d'en haut, répands maintenant sur nous les dons de l'Esprit. Par Jésus… ***— Amen.***

Lecture

du livre des Actes des Apôtres (18, 23-28)

« Apollos démontrait par les Écritures que le Christ, c'est Jésus »

Après avoir passé quelque temps à Antioche, Paul partit. Il parcourut successivement le pays galate et la Phrygie, en affermissant tous les disciples. Or, un Juif nommé Apollos, originaire d'Alexandrie, venait d'arriver à Éphèse. C'était un homme éloquent, versé dans les Écritures. Il avait été instruit du Chemin du Seigneur ; dans la ferveur

de l'Esprit, il parlait et enseignait avec précision ce qui concerne Jésus, mais, comme baptême, il ne connaissait que celui de Jean le Baptiste. Il se mit donc à parler avec assurance à la synagogue. Quand Priscille et Aquila l'entendirent, ils le prirent à part et lui exposèrent avec plus de précision le Chemin de Dieu. Comme Apollos voulait se rendre en Grèce, les frères l'y encouragèrent, et écrivirent aux disciples de lui faire bon accueil. Quand il fut arrivé, il rendit de grands services à ceux qui étaient devenus croyants par la grâce de Dieu. En effet, avec vigueur il réfutait publiquement les Juifs, en démontrant par les Écritures que le Christ, c'est Jésus.
– Parole du Seigneur.

Psaume 46 (47)

℟ ***Dieu est le roi de toute la terre.***
OU ***Alléluia !***

Tous les peuples, battez des mains,
acclamez Dieu par vos cris de joie !
Car le Seigneur est le Très-Haut,
le redoutable,
le grand roi sur toute la terre. ℟

Car Dieu est le roi de la terre :
que vos musiques l'annoncent !
Il règne, Dieu, sur les païens,
Dieu est assis sur son trône sacré. ℟

Les chefs des peuples
se sont rassemblés :
c'est le peuple du Dieu d'Abraham.
Les princes de la terre sont à Dieu
qui s'élève au-dessus de tous. ℟

Acclamation de l'Évangile

Alléluia. Alléluia. Je suis sorti du Père, et je suis venu dans le monde ; maintenant, je quitte le monde, et je pars vers le Père. ***Alléluia.***

Évangile de Jésus Christ

selon saint Jean (16, 23b-28)

« Le Père lui-même vous aime, parce que vous m'avez aimé et vous avez cru »

En ce temps-là, Jésus disait à ses disciples : « Amen, amen, je vous le dis : ce que vous demanderez au Père en mon nom, il vous le donnera. Jusqu'à présent vous n'avez rien demandé en mon nom ; demandez, et vous recevrez : ainsi votre joie sera parfaite.

« En disant cela, je vous ai parlé en images. L'heure vient où je vous parlerai sans images, et vous annoncerai ouvertement ce qui concerne le Père. Ce jour-là, vous demanderez en mon nom ; or, je ne vous dis pas que moi, je prierai le Père pour vous, car le Père lui-même vous aime, parce que vous m'avez aimé et vous avez cru que c'est de Dieu que je suis sorti. Je suis sorti du Père, et je suis venu dans le monde ; maintenant, je quitte le monde, et je pars vers le Père. »

Prière sur les offrandes

Dans ta bonté, sanctifie ces dons, nous t'en prions, Seigneur ; accepte le sacrifice spirituel que nous t'offrons, et fais de nous-mêmes une éternelle offrande pour toi. Par le Christ, notre Seigneur. ***— Amen.***

1re préface de l'Ascension, p. 71, ou 2e préface de l'Ascension, p. 227.

Antienne de la communion
Père, ceux que tu m'as donnés,
je veux que là où je suis,
ils soient eux aussi avec moi,
et qu'ils contemplent ma gloire,
celle que tu m'as donnée, alléluia.
(Jn 17, 24)

Prière après la communion
Seigneur, nous avons reçu les dons qui nous ont fait participer aux saints mystères, et nous te prions humblement : ton Fils nous a demandé de les célébrer en mémoire de lui, qu'ils augmentent en nous la charité. Par le Christ, notre Seigneur. — ***Amen.***

INVITATION

Qu'est-ce que je peux demander au Père pour moi ou pour quelqu'un qui m'est cher ? Je le lui demande par Jésus son Fils.

COMMENTAIRE

Nouveau regard Jean 16, 23b-28

« Demandez et vous recevrez » : un slogan ? une belle promesse n'engageant à rien ? Nous serions tentés de le penser tant cette affirmation heurte de plein fouet notre expérience quotidienne : nous demandons très souvent, mais recevons bien rarement. Peuvent alors survenir amertume et déception. Changeons notre regard : la terre de notre vie a peut-être été labourée, retournée, brisée même, mais elle a aussi été ensemencée par la présence et l'amour de Dieu. Quelle source intarissable de joie ! ■

***Bertrand Lesoing**, prêtre de la communauté Saint-Martin*

DIMANCHE 12 MAI 2024

7E DIMANCHE DE PÂQUES

ANNÉE B – COULEUR LITURGIQUE : BLANC

© Marion Duval

« Garde mes disciples unis dans ton nom,
le nom que tu m'as donné. » cf. Jean 17, 11

« Père Saint, garde mes disciples unis dans ton nom. » Nous faisons tous l'expérience de l'incompréhension, de la discorde, voire de la rancune ou de la haine. Que ce soit dans le monde ou en Christ, vivre l'unité est un labeur de tous les jours, qui ne peut grandir qu'à travers les pardons échangés. Aujourd'hui, confions au Christ toutes les situations de division dans l'Église et dans nos vies.

RITES INITIAUX

Chant d'entrée *(Suggestions p. 248)*
OU
Antienne d'ouverture
Écoute, Seigneur, je t'appelle. Mon cœur m'a redit ta parole : Cherchez ma face. C'est ta face, Seigneur, que je cherche : ne me cache pas ta face, alléluia. (Ps 26, 7-9)

Suggestion de préparation pénitentielle *(ou p. 218)*
Frères et sœurs, en ce jour où le Christ prie son Père de nous garder unis et fidèles, préparons-nous à célébrer le mystère de l'eucharistie, en reconnaissant que nous avons péché.

Seigneur Jésus, tu mets loin de nous nos péchés, ton amour est fort pour qui te craint. Seigneur, prends pitié.
— Seigneur, prends pitié.
Ô Christ, tu pries pour nous garder du Mauvais, tu souhaites qu'aucun homme ne soit perdu. Ô Christ, prends pitié.
— Ô Christ, prends pitié.
Seigneur, tu veilles sur chacun d'entre nous, tu pries pour que nous vivions dans la joie de ton amour. Seigneur, prends pitié.
— Seigneur, prends pitié.

Que Dieu tout-puissant nous fasse miséricorde ; qu'il nous pardonne nos péchés et nous conduise à la vie éternelle. ***— Amen.***

Gloire à Dieu *(p. 221)*

Prière

Sois favorable à nos supplications, Seigneur : nous croyons que le Sauveur du genre humain est auprès de toi dans la gloire ; puissions-nous éprouver qu'il demeure avec nous jusqu'à la fin du monde, comme lui-même l'a promis. Lui qui… ***— Amen.***

LITURGIE DE LA PAROLE

Lecture du livre des Actes des Apôtres (1, 15-17.20a.20c-26)

« Il faut que l'un d'entre eux devienne, avec nous, témoin de la résurrection de Jésus »

En ces jours-là, Pierre se leva au milieu des frères qui étaient réunis au nombre d'environ cent vingt personnes, et il déclara : « Frères, il fallait que l'Écriture s'accomplisse. En effet, par la bouche de David, l'Esprit Saint avait d'avance parlé de Judas, qui en est venu à servir de guide aux gens qui ont arrêté Jésus : ce Judas était l'un de nous et avait reçu sa part de notre ministère. Il est écrit au livre des Psaumes : ***Qu'un autre prenne sa charge.*** **Or, il y a des hommes qui nous ont accompagnés durant tout le temps où le Seigneur Jésus a vécu parmi nous, depuis le commencement, lors du baptême donné par Jean, jusqu'au jour où il fut enlevé d'auprès de nous. Il faut donc que l'un d'entre**

eux devienne, avec nous, témoin de sa résurrection. » On en présenta deux : Joseph appelé Barsabbas, puis surnommé Justus, et Matthias. Ensuite, on fit cette prière : « Toi, Seigneur, qui connais tous les cœurs, désigne lequel des deux tu as choisi pour qu'il prenne, dans le ministère apostolique, la place que Judas a désertée en allant à la place qui est désormais la sienne. » On tira au sort entre eux, et le sort tomba sur Matthias, qui fut donc associé par suffrage aux onze Apôtres. – Parole du Seigneur.

Psaume 102 (103)

℟ *Le Seigneur a son trône dans les cieux, alléluia.*

T. : AELF ; M. : B. Delattre ; Éd. : ADF.

Bénis le Seigneur, ô mon âme,
bénis son nom très saint, tout mon être !
Bénis le Seigneur, ô mon âme,
n'oublie aucun de ses bienfaits ! ℟

Retrouvez ce psaume sur le CD "Les psaumes de l'année B"

℟ ***Le Seigneur a son trône dans les cieux, alléluia !***

Comme le ciel domine la terre,
fort est son amour pour qui le craint ;
aussi loin qu'est l'orient de l'occident,
il met loin de nous nos péchés. ℟

Le Seigneur a son trône dans les cieux :
sa royauté s'étend sur l'univers.
Messagers du Seigneur, bénissez-le,
invincibles porteurs de ses ordres ! ℟

Lecture de la première lettre de saint Jean (4, 11-16)

« Qui demeure dans l'amour demeure en Dieu, et Dieu demeure en lui »

Bien-aimés, puisque Dieu nous a tellement aimés, nous devons, nous aussi, nous aimer les uns les autres. Dieu, personne ne l'a jamais vu. Mais si nous nous aimons les uns les autres, Dieu demeure en nous, et, en nous, son amour atteint la perfection. Voici comment nous reconnaissons que nous demeurons en lui et lui en nous : il nous a donné part à son Esprit. Quant à nous, nous avons vu et nous attestons que le Père a envoyé son Fils comme Sauveur du monde. Celui qui proclame que Jésus est le Fils de Dieu, Dieu demeure en lui, et lui en Dieu. Et nous, nous avons reconnu l'amour que Dieu a pour nous, et nous y avons cru. Dieu est amour : qui demeure dans l'amour demeure en Dieu, et Dieu demeure en lui. – Parole du Seigneur.

Acclamation de l'Évangile

Alléluia. Alléluia. Je ne vous laisserai pas orphelins, dit le Seigneur ; je reviens vers vous, et votre cœur se réjouira. ***Alléluia.***

T. : AELF ; M. : P. Robert.

Évangile de Jésus Christ selon saint Jean (17, 11b-19)

« Qu'ils soient un, comme nous-mêmes »

En ce temps-là, les yeux levés au ciel, Jésus priait ainsi : « Père saint, garde mes disciples unis dans ton nom, le nom que tu m'as donné, pour qu'ils soient un, comme nous-mêmes. Quand j'étais avec eux, je les gardais unis dans ton nom, le nom que tu m'as donné. J'ai veillé sur eux, et aucun ne s'est perdu, sauf celui qui s'en va à sa perte de sorte que l'Écriture soit accomplie. Et

maintenant que je viens à toi, je parle ainsi, dans le monde, pour qu'ils aient en eux ma joie, et qu'ils en soient comblés. Moi, je leur ai donné ta parole, et le monde les a pris en haine parce qu'ils n'appartiennent pas au monde, de même que moi je n'appartiens pas au monde. Je ne prie pas pour que tu les retires du monde, mais pour que tu les gardes du Mauvais. Ils n'appartiennent pas au monde, de même que moi, je n'appartiens pas au monde.
Sanctifie-les dans la vérité : ta parole est vérité. De même que tu m'as envoyé dans le monde, moi aussi, je les ai envoyés dans le monde. Et pour eux je me sanctifie moi-même, afin qu'ils soient, eux aussi, sanctifiés dans la vérité. »

Homélie

Profession de foi *(p. 222)*

Suggestion de prière universelle

Le prêtre :
Le Christ prie le Père pour nous. Dans sa prière, il demande que nous vivions de son amour. Avec espérance, confions à la prière du Ressuscité tous les habitants de la terre.
℟ ***Ô Christ ressuscité, exauce-nous.***

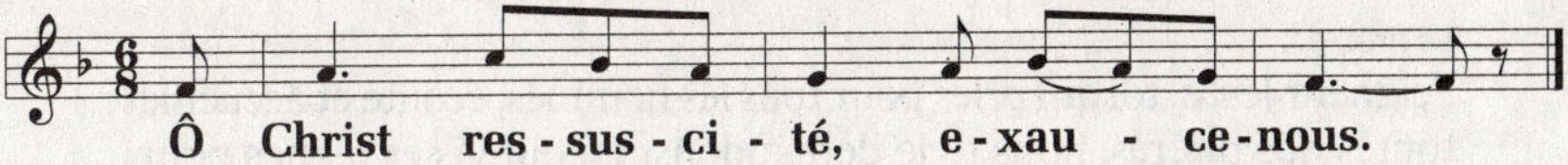

Missel noté de l'assemblée 35.32.

Le diacre ou un lecteur :

Ô Christ, nous te disons merci pour les religieuses, les religieux et les séminaristes. Avec toute l'Église, nous te prions pour ceux qui les forment et les aident à grandir dans leur parcours vocationnel. Christ, écoute-nous. ℟

Ô Christ, nous te disons merci pour les scientifiques qui œuvrent à l'amélioration des conditions de vie de tous les hommes et au partage des richesses. Nous te prions pour nos responsables politiques et pour les décideurs de l'économie. Christ, écoute-nous. ℟

Ô Christ, en ce mois de mai, nous te disons merci pour ceux qui se rendent dans un lieu de pèlerinage dédié à la Vierge Marie. Nous te prions pour ceux qui y cherchent courage et espérance. Christ, écoute-nous. ℟

Ô Christ, nous te disons merci pour les jeunes et les adultes qui sont confirmés durant ce temps pascal. Nous te prions pour les personnes en quête de sens qui frappent aux portes de notre communauté chrétienne. Christ, écoute-nous. ℟

(Ces intentions seront adaptées ou modifiées selon les circonstances.)

Le prêtre :
Seigneur Jésus, toi qui pries pour tous les hommes, écoute et accueille toutes nos prières, nous te le demandons, toi qui vis et règnes pour les siècles des siècles. — ***Amen.***

LITURGIE EUCHARISTIQUE

Prière sur les offrandes

Avec l'offrande de ce sacrifice, accueille, Seigneur, les prières de tes fidèles ; que cette liturgie célébrée avec ferveur nous fasse parvenir à la gloire du ciel. Par le Christ, notre Seigneur. — ***Amen.***

Prière eucharistique *(2e préface de l'Ascension)*

Vraiment, il est juste et bon, pour ta gloire et notre salut, de t'offrir notre action de grâce, toujours et en tout lieu, Seigneur, Père très saint, Dieu éternel et tout-puissant, par le Christ, notre Seigneur. Car il s'est manifesté après sa résurrection, en apparaissant à tous ses disciples, et, devant leurs yeux, il s'éleva au ciel pour nous rendre participants de sa divinité. C'est pourquoi la joie pascale rayonne par tout l'univers, la terre entière exulte, les puissances d'en haut et les anges dans le ciel chantent sans fin l'hymne de ta gloire : ***Saint ! Saint ! Saint...***

On peut aussi employer une préface du temps pascal p. 225, ou la 1re préface de l'Ascension, p. 71.

Chant de communion *(Suggestions p. 248)*
OU
Antienne de la communion
Père, dit Jésus, je prie
pour qu'ils soient un
comme nous sommes un, alléluia.
(cf. Jn 17, 22)

Prière après la communion
Exauce-nous, Dieu notre Sauveur : par ces mystères très saints, confirme-nous dans cette assurance que s'accomplira pour le corps entier de l'Église ce qui s'est déjà réalisé pour celui qui en est la tête : le Christ. Lui qui… ***— Amen.***

RITE DE CONCLUSION

Bénédiction solennelle *(voir p. 40)*

Envoi

COMMENTAIRE DU DIMANCHE

Tommy Scholtes, prêtre jésuite, *Prions en Église* Belgique

« Il faut que l'un d'entre nous... »

Nous sommes aux débuts de l'Église. Il n'y a pas de temps à perdre. Tant de choses habitent les disciples. Ils ont relu l'histoire de leur foi, tantôt forte, tantôt vacillante. Mais là, ils sont « tout feu, tout flamme ». Ils viennent de reprendre conscience de la force de leur baptême. De ce qu'ils ont reçu de Jésus tout au long de ces années où ils l'ont suivi. Il s'agit de remplacer Judas qui a trahi. Et le sort est tombé sur Matthias.

L'appel de Matthias n'est pas uniquement le fait de Dieu, il est aussi le fait de l'appel par les disciples qui ont suivi de près Jésus. Cooptation, dirait-on aujourd'hui. L'appel de Matthias est le fruit d'un discernement. Il était déjà parmi les proches, avec Justus. Et si nous étions « l'un d'entre eux » appelés à être plus proche que jamais de celui qui a allumé en nous le feu de la Résurrection

pascale, ou la force de l'Esprit de notre baptême ? Nous voilà associés aux disciples. Associés à la vie de la communauté chrétienne deux mille ans plus tard. En aimant celui que nous n'avons jamais vu, mais avec qui nous sommes en communion intense durant ce temps pascal.
Les disciples, première communauté chrétienne, ont attesté en témoins qu'il est vivant. Si nous proclamons à notre tour que Jésus est le Sauveur du monde, Dieu demeure en nous. Jésus dans l'Évangile prie pour nous ! Pour que nous soyons porteurs de l'unité et pour que nous soyons préservés du Mal. Il demande à son Père de nous sanctifier en étant envoyés dans le monde. Un programme de vie quotidienne.

Est-ce que j'accepte d'être « appelé » à prendre ma place au sein de l'Église ?

Comment exprimer ma foi en la Résurrection de Jésus en paroles et en actes ? ■

DIMANCHE 12 MAI 2024

Prions en Eglise Junior

LIRE L'ÉVANGILE AVEC LES ENFANTS

CE QUE JE DÉCOUVRE

Les chrétiens aiment le monde car il est un cadeau de Dieu. C'est dans le monde que Dieu s'est fait connaître ! Jésus a été envoyé sur la terre pour témoigner de l'amour de Dieu. Toi aussi, **Jésus t'envoie dans le monde pour témoigner de son amour.** Mets la joie de Jésus là où tu vis, dans ta famille, ton école, ton quartier ! Pour y arriver, n'oublie pas de passer du temps avec Jésus. Parle-lui, écoute-le, laisse son amour remplir ton cœur !

CE QUE JE VIS

Que trouves-tu beau dans ce monde ?
Comment fais-tu pour rester toujours uni avec ceux que tu aimes ?
Comment peux-tu rester uni à Jésus ?
Fais une prière et remercie Jésus pour toutes les belles choses que tu aimes dans ce monde.

Texte : Cédric Kuntz. Illustrations : Marcelino Truong

MÉDITATION BIBLIQUE

7E DIMANCHE DE PÂQUES

Première lettre de saint Jean 4, 11-16

Pour que Dieu demeure en nous

Dans son *Commentaire de la première épître de saint Jean*, saint Augustin compare ce monde présent à une terre desséchée et nous exhorte ainsi : « Si vous ne voulez pas mourir de soif en ce désert, buvez la charité » (VII, 1; Cerf). Reste à savoir comment !

Le temps de la préparation

Seigneur, « je t'en prie, laisse-moi contempler ta gloire ». (Ex 33, 18)

Le temps de l'observation

L'amour est un leitmotiv de la première lettre de saint Jean. À la source et au centre : l'amour de Dieu, qu'il appartient aux croyants de laisser remonter vers lui et se diffuser en direction de leurs semblables. La source n'est pas en eux-mêmes mais en lui qui leur « a donné part à son Esprit ». La première lettre de Jean affirme que Dieu est invisible mais que, dans la foi, nous pouvons expérimenter sa présence. Une présence qui se discerne à la mesure de l'amour porté à autrui. L'épître affirme par là le rôle des médiations humaines. La qualité de relation •••

... aux autres et à soi-même est un critère de la disponibilité à l'Esprit – présence de Dieu en chacun – et en même temps une condition de celle-ci. Mais ce critère de type existentiel n'est pas le seul : il y a également celui de la foi droite (ortho-doxie). Celle-ci concerne le Christ reconnu comme Fils de Dieu et Sauveur du monde.

Le temps de la méditation

Confesser que le Christ est le Sauveur du monde – et donc notre besoin d'être sauvés – nous pose dans cette humilité qui reconnaît ses limites quand il s'agit d'aimer et creuse en nous le désir de sortir de notre égocentrisme. Ainsi l'amour, c'est-à-dire l'Esprit répandu en nos cœurs (cf. Rm 5, 5), pourra prendre la place qui lui revient et dilater peu à peu notre être aux dimensions du monde. Nous proclamons un Dieu que « nul n'a jamais vu », mais nous savons qu'il se donne à expérimenter dans la relation avec nos proches et nos lointains qui, comme nous, sont porteurs de son image et temple de son Esprit. Cette focalisation sur l'amour peut nous lasser tant le mot est galvaudé. Mais, pour l'auteur de la lettre, l'amour a pris le visage du Verbe de vie et de sa pratique, lui qui là où il passait « faisait le bien » (Ac 10, 38). En ce temps de l'Église où Jésus est physiquement absent, c'est par l'Écriture qu'il nous rejoint dans notre vie tâtonnante et nous enseigne. Sachant que l'enjeu n'est pas de l'ordre d'une perfection morale, mais de la communion avec Dieu lui-même.

Le temps de la prière

« Bénis le Seigneur, ô mon âme ! » (Ps 103, 1) ■

Emmanuelle Billoteau, ermite

LE SAINT DU MOIS

13 MAI : SAINT ANDRÉ-HUBERT FOURNET (1752-1834)

Les progrès d'une âme

Huit kilomètres seulement séparent Saint-Pierre-de-Maillé (Vienne), où André-Hubert Fournet vit le jour, du village de La Puye où il rendit l'âme à Dieu. On pourrait donc supposer que ce curé poitevin eut une existence sédentaire et paisible. Il n'en fut rien, d'abord en raison de sa personnalité d'origine. D'un naturel dilettante, le jeune André-Hubert tenta vainement sa chance à l'université puis dans l'armée. Devenu prêtre un peu par défaut, il fut nommé curé de sa paroisse natale en 1782 : un curé sympathique, mais au train de vie luxueux et peu évangélique. La rencontre d'un mendiant, qui lui signala cette incohérence, provoqua un retournement chez le père Fournet : il se •••

••• mit dès lors à vivre conformément aux exigences de son ministère. La Révolution française fut le second facteur qui bouleversa la vie du curé de Saint-Pierre-de-Maillé. Ayant refusé le serment à la Constitution civile du clergé, il fut chassé de son presbytère et dut s'exiler, de 1792 à 1797, à Los Arcos, en Navarre (Espagne). À son retour, les prêtres réfractaires étaient encore pourchassés : le père Fournet fut contraint de célébrer l'eucharistie clandestinement, de nuit, dans des granges ! Avec le Concordat de 1801, André-Hubert Fournet put enfin retrouver son église et les habitants de Saint-Pierre-de-Maillé. Pendant vingt ans, le « Bon Père » s'attacha à les réévangéliser par une prédication accessible et un dévouement constant.

Parallèlement, avec la future sainte Jeanne-Élisabeth Bichier des Âges, il fonda une congrégation religieuse – les Filles de la Croix – dédiée à l'éducation chrétienne des enfants et aux soins des malades pauvres. En 1819, les sœurs s'installèrent à La Puye, où le père Fournet les rejoignit pour accompagner l'essor rapide de la nouvelle congrégation. Ainsi, le jeune chrétien tiède s'était mué, au fil du temps, en un apôtre de la rechristianisation de la France ! Il fut canonisé en 1933. ■

Xavier Lecœur

UN SAINT POUR AUJOURD'HUI

« Souvent vous parlez, et vous n'écoutez pas Dieu qui vous parle. » Comme il sut le faire pour lui-même, saint André-Hubert Fournet nous conseille de faire silence régulièrement, afin d'être en mesure d'accueillir et de comprendre les inspirations de l'Esprit Saint.

LUNDI 13 MAI 2024

7E SEMAINE DE PÂQUES COULEUR LITURGIQUE : BLANC

Temps pascal, *messe de la férie*
ou **bienheureuse Vierge Marie de Fatima,** *voir p. 105.*

Antienne d'ouverture

Vous allez recevoir une force
quand le Saint-Esprit viendra sur vous ;
vous serez alors mes témoins
jusqu'aux extrémités de la terre, alléluia.
(Ac 1, 8)

12 - 18

Prière

Seigneur, nous t'en prions : que vienne sur nous la force de l'Esprit Saint, pour que nous puissions garder fidèlement ta volonté et la traduire en actes par une vie fervente. Par Jésus… *— **Amen.***

Lecture

du livre des Actes des Apôtres (19, 1-8)

« Lorsque vous êtes devenus croyants, avez-vous reçu l'Esprit Saint ? »

Pendant qu'Apollos était à Corinthe, Paul traversait le haut pays ; il arriva à Éphèse, où il trouva quelques disciples. Il leur demanda : « Lorsque vous êtes devenus croyants, avez-vous reçu l'Esprit Saint ? » Ils lui répondirent : « Nous n'avons même pas entendu dire qu'il y a un Esprit Saint. » Paul reprit : « Quel baptême avez-vous donc reçu ? »

Ils répondirent : « Celui de Jean le Baptiste. » Paul dit alors : « Jean donnait un baptême de conversion : il disait au peuple de croire en celui qui devait venir après lui, c'est-à-dire en Jésus. » Après l'avoir entendu, ils se firent baptiser au nom du Seigneur Jésus. Et quand Paul leur eut imposé les mains, l'Esprit Saint vint sur eux, et ils se mirent à parler en langues mystérieuses et à prophétiser. Ils étaient une douzaine d'hommes au total. Paul se rendit à la synagogue où, pendant trois mois, il prit la parole avec assurance; il discutait et usait d'arguments persuasifs à propos du royaume de Dieu.

– Parole du Seigneur.

Psaume 67 (68)

℟ ***Royaumes de la terre, chantez pour le Seigneur.***

OU ***Alléluia !***

Dieu se lève et ses ennem<u>i</u>s se dispersent,
ses adversaires fu<u>i</u>ent devant sa face.
Comme on dissipe une fum<u>é</u>e, tu les dissipes ;
comme on voit fondre la cire en f<u>a</u>ce du feu,
les impies disparaissent devant
la f<u>a</u>ce de Dieu. ℟

Mais les justes sont en f<u>ê</u>te, ils exultent ;
devant la face de Dieu ils d<u>a</u>nsent de joie.
Chantez pour Dieu, jou<u>e</u>z pour son nom,
frayez la route à celui qui cheva<u>u</u>che les nuées.
Son nom est Le Seigneur ;
dans<u>e</u>z devant sa face. ℟

Père des orphelins, défense<u>u</u>r des veuves,
tel est Dieu dans sa s<u>a</u>inte demeure.
À l'isolé, Dieu acc<u>o</u>rde une maison ;
aux captifs, il r<u>e</u>nd la liberté. ℟

Acclamation de l'Évangile

Alléluia. Alléluia. Si vous êtes ressuscités avec le Christ, recherchez les réalités d'en haut : c'est là qu'est le Christ, assis à la droite de Dieu. ***Alléluia.***

Évangile de Jésus Christ

selon saint Jean (16, 29-33)

« Courage ! Moi, je suis vainqueur du monde »

En ce temps-là, les disciples de Jésus lui dirent : « Voici que tu parles ouvertement et non plus en images. Maintenant nous savons que tu sais toutes choses, et tu n'as pas besoin qu'on t'interroge : voilà pourquoi nous croyons que tu es sorti de Dieu. » Jésus leur répondit : « Maintenant vous croyez ! Voici que l'heure vient – déjà elle est venue – où vous serez dispersés chacun de son côté, et vous me laisserez seul ; mais je ne suis pas seul, puisque le Père est avec moi. Je vous ai parlé ainsi, afin qu'en moi vous ayez la paix. Dans le monde, vous avez à souffrir, mais courage ! Moi, je suis vainqueur du monde. »

Prière sur les offrandes

Que le sacrifice parfait de Jésus Christ nous purifie, Seigneur : qu'il donne à nos esprits l'énergie de la grâce qui vient d'en haut. Par le Christ, notre Seigneur.

— Amen.

Préface du temps pascal, p. 225, ou de l'Ascension, p. 71 ou p. 227.

Antienne de la communion
Je ne vous laisserai pas orphelins,
dit le Seigneur, je reviens vers vous,
et votre joie, personne
ne vous l'enlèvera, alléluia.
(Jn 14, 18 ; 16, 22)

Prière après la communion
Dans ta bienveillance, reste auprès de ton peuple, nous t'en prions, Seigneur ; puisque tu l'as initié aux sacrements du ciel, fais-le passer de ce qui est ancien à la vie nouvelle. Par le Christ, notre Seigneur. – ***Amen.***

INVITATION

Je peux prier le chapelet, en direct à 15 h 30 sur le site du sanctuaire de Lourdes, en rendant grâce pour mon baptême.

COMMENTAIRE

Humblement, nous croyons

Jean 16, 29-33

« Maintenant [...] nous croyons. » Peut-être les disciples s'avancent-ils un peu vite, comme le montre la suite de l'évangile : fuite au moment de l'arrestation et de la mort de Jésus, doute quant à la Résurrection. Leur foi aura du mal à se confronter au réel de la souffrance et de l'absence, pierre de touche de la foi véritable. Voilà qui nous incite à l'humilité et à tourner nos regards vers le Christ afin de découvrir que nous ne sommes pas seuls dans la détresse et d'apprendre de lui la confiance. ■

Emmanuelle Billoteau, *ermite*

Bienheureuse Vierge Marie de Fatima

Couleur liturgique : blanc

Le 13 mai 1917, trois enfants faisaient paître un petit troupeau, à Fatima, au Portugal. Après avoir récité le chapelet à l'heure du midi, Lucie, François et Jacinthe ont vu une lumière brillante puis, au sommet d'un petit chêne vert, une « Dame, plus brillante que le soleil ». Le message de Notre-Dame de Fatima à ces « tout-petits » et à nous-mêmes a été un appel à prier et à faire pénitence.

Antienne d'ouverture

Tu as changé mon deuil en une danse ; Seigneur, tu m'as comblée de joie, alléluia. (cf. Ps 29, 12)

Prière

Seigneur Dieu, tu as voulu que la Mère de ton Fils soit aussi notre Mère ; accorde-nous de persévérer dans la pénitence et la prière pour le salut du monde ; puissions-nous devenir ainsi, de jour en jour, des artisans efficaces du royaume du Christ. Lui qui… — ***Amen.***

Prière sur les offrandes

Reçois, Père très saint, l'humble offrande que nous te présentons dans la joie, en célébrant la mémoire de la bienheureuse Vierge Marie ; fais qu'en nous unissant au sacrifice du Christ, nous recevions la consolation dès maintenant et le salut pour l'éternité. Par le Christ, notre Seigneur. — ***Amen.***

Préface de la Vierge Marie, p. 228.

Antienne de la communion

Réjouis-toi, Vierge Mère, car le Christ s'est relevé du tombeau, alléluia.

Prière après la communion

Réconfortés par les sacrements de Pâques, nous t'en prions, Seigneur, fais que, célébrant la mémoire de la Mère de ton Fils, nous manifestions dans notre chair vouée à la mort la vie de Jésus. Lui qui… — ***Amen.***

MARDI 14 MAI 2024

COULEUR LITURGIQUE : ROUGE

Saint Matthias

(Ier siècle). Apôtre du Seigneur. Il fut élu pour compléter le collège des Douze après la trahison de Judas.

Antienne d'ouverture

Ce n'est pas vous qui m'avez choisi, dit le Seigneur,
c'est moi qui vous ai choisis, afin que vous alliez,
que vous portiez du fruit, et que votre fruit demeure, alléluia.
(Jn 15, 16)

Gloire à Dieu *(p. 221)*

Prière

Seigneur Dieu, tu as agrégé le bienheureux Matthias au collège des Apôtres ; accorde-nous, à sa prière, de nous réjouir du choix de ton amour et d'être comptés parmi tes élus. Par Jésus… – ***Amen.***

Lectures propres à la fête de saint Matthias.

Lecture

du livre des Actes des Apôtres (1, 15-17.20-26)

« Le sort tomba sur Matthias, qui fut donc associé par suffrage aux onze Apôtres »

En ces jours-là, Pierre se leva au milieu des frères qui étaient réunis au nombre d'environ cent vingt personnes, et il déclara : « Frères, il fallait que l'Écriture s'accomplisse. En effet, par la bouche de David,

l'Esprit Saint avait d'avance parlé de Judas, qui en est venu à servir de guide aux gens qui ont arrêté Jésus : ce Judas était l'un de nous et avait reçu sa part de notre ministère. Il est écrit au livre des Psaumes : *Que son domaine devienne un désert, et que personne n'y habite,* et encore : *Qu'un autre prenne sa charge.* Or, il y a des hommes qui nous ont accompagnés durant tout le temps où le Seigneur Jésus a vécu parmi nous, depuis le commencement, lors du baptême donné par Jean, jusqu'au jour où il fut enlevé d'auprès de nous. Il faut donc que l'un d'entre eux devienne, avec nous, témoin de sa résurrection. » On en présenta deux : Joseph appelé Barsabbas, puis surnommé Justus, et Matthias. Ensuite, on fit cette prière : « Toi, Seigneur, qui connais tous les cœurs, désigne lequel des deux tu as choisi pour qu'il prenne, dans le ministère apostolique*, la place que Judas a désertée en allant à la place qui est désormais la sienne. » On tira au sort entre eux, et le sort tomba sur Matthias, qui fut donc associé par suffrage aux onze Apôtres.

– Parole du Seigneur.

Psaume 112 (113)

℟ Le Seigneur l'a placé parmi les princes de son peuple.
OU ***Alléluia.***

Louez, serviteurs du Seigneur,
louez le nom du Seigneur !
Béni soit le nom du Seigneur,
maintenant et pour les siècles des siècles ! ℟

Du levant au couchant du soleil,
loué soit le nom du Seigneur !
Le Seigneur domine tous les peuples,
sa gloire domine les cieux. ℟

Qui est semblable au Seigneur notre Dieu ?
Lui, il siège là-haut.
Mais il abaisse son regard
vers le ciel et vers la terre. ℟

De la poussière il relève le faible,
il retire le pauvre de la cendre
pour qu'il siège parmi les princes,
parmi les princes de son peuple. ℟

Acclamation de l'Évangile

Alléluia. Alléluia. C'est moi qui vous ai choisis du milieu du monde, afin que vous alliez, que vous portiez du fruit, et que votre fruit demeure, dit le Seigneur. ***Alléluia.***

Évangile de Jésus Christ

selon saint Jean (15, 9-17)

« Ce n'est pas vous qui m'avez choisi, c'est moi qui vous ai choisis »

En ce temps-là, Jésus disait à ses disciples : « Comme le Père m'a aimé, moi aussi je vous ai aimés. Demeurez dans mon amour. Si vous gardez mes commandements, vous demeurerez dans mon amour, comme moi, j'ai gardé les commandements de mon Père, et je demeure dans son amour. Je vous ai dit cela pour que ma joie soit en vous, et que votre joie soit parfaite. Mon commandement, le voici : Aimez-vous les uns les autres comme je vous ai aimés. Il n'y a pas de plus grand amour que de donner sa vie pour ceux qu'on aime. Vous êtes mes amis si vous faites ce que je vous commande. Je ne vous appelle plus serviteurs, car le serviteur ne sait pas ce que fait son maître ; je vous appelle mes amis, car tout ce que j'ai entendu de mon Père, je vous l'ai fait connaître. Ce n'est pas vous qui m'avez choisi, c'est moi qui vous ai choisis et établis afin que vous alliez, que vous portiez du fruit, et que votre fruit demeure. Alors, tout ce que vous demanderez au Père en mon nom, il vous le donnera. Voici ce que je vous commande : c'est de vous aimer les uns les autres. »

Prière sur les offrandes

Reçois, Seigneur, l'offrande que ton Église te présente avec respect en la fête du bienheureux Matthias, et donne-nous d'y trouver la force par la puissance de ta grâce. Par le Christ, notre Seigneur. **— *Amen.***

Préface des Apôtres, p. 25.

Antienne de la communion

Voici mon commandement,
dit le Seigneur :
aimez-vous les uns les autres
comme je vous ai aimés,
alléluia.
(Jn 15, 12)

Prière après la communion

Ne cesse pas, Seigneur, de combler ta famille de tes bienfaits : accorde-nous, à la prière du bienheureux Matthias, d'avoir part à l'héritage des saints dans la lumière. Par le Christ, notre Seigneur. **— *Amen.***

INVITATION

En cette fête de saint Matthias, je prends conscience que, moi aussi, je suis choisi non par mérite, mais par amour.

COMMENTAIRE

Fruits de l'existence

Jean 15, 9-17

« Ce n'est pas vous qui m'avez choisi, c'est moi qui vous ai choisis. » En cette fête de l'Apôtre Matthias, l'évangile nous rappelle que le Christ a l'initiative. Celle de se révéler et de révéler le Père, de manifester son amour, de faire de nous ses amis… Et cela, pour que nous participions à la vie de Dieu et puissions porter du fruit. À chacun de découvrir combien il a été précédé dans son existence et de savoir reconnaître les fruits d'amour, de pardon, de dévouement dont sa vie s'est ornée. ■

Emmanuelle Billoteau, ermite

❊ CLÉ DE LECTURE

« Ministère apostolique »

Actes 1, 25 *(p. 107)*

Luc, qui distingue les temps de l'histoire, place ce texte charnière à la jointure de l'évangile et du récit des Actes. Il s'agit de reconstituer le groupe fondateur, ceux qui ont connu Jésus dans les jours de sa vie terrestre, ce que nul autre ne vivra plus jamais. Ceux-là ont un « ministère », un service à remplir, appelé en grec « diaconie » pour lequel ils sont envoyés (en grec un « apostolat »). Il s'agit de partir ailleurs (« apo ») et de faire passer la parole « à travers » (« dia ») les générations. L'une et l'autre mission étroitement liées se redéfiniront plus tard, mais il importe à Luc de montrer à la fois leur fondement et le fait que tout sera nécessairement différent, car il faudra désormais croire et annoncer sur la foi de ces témoins-là. ■

Roselyne Dupont-Roc, bibliste

MERCREDI 15 MAI 2024

7E SEMAINE DE PÂQUES COULEUR LITURGIQUE : BLANC

Temps pascal, *messe de la férie*

Antienne d'ouverture

Tous les peuples, battez des mains,
acclamez Dieu par vos cris de joie, alléluia. (Ps 46, 2)

Prière

Dieu de miséricorde, dans ta bonté, donne à ton Église rassemblée par l'Esprit Saint de s'attacher à toi de tout cœur, et de vouloir vraiment être unie. Par Jésus… ***— Amen.***

12 - 18

Lecture

du livre des Actes des Apôtres (20, 28-38)

« Je vous confie à Dieu, lui qui a le pouvoir de construire l'édifice et de donner à chacun l'héritage »

En ces jours-là, Paul faisait ses adieux aux Anciens de l'Église d'Éphèse. Il leur disait : « Veillez sur vous-mêmes, et sur tout le troupeau dont l'Esprit Saint vous a établis responsables, pour être les pasteurs de l'Église de Dieu, qu'il s'est acquise par son propre sang. Moi, je sais qu'après mon départ, des loups redoutables s'introduiront chez vous et n'épargneront pas le troupeau. Même du milieu de vous surgiront des hommes qui tiendront des discours pervers pour entraîner les disciples à leur

suite. Soyez donc vigilants, et souvenez-vous que, durant trois ans, nuit et jour, je n'ai cessé, dans les larmes, de reprendre chacun d'entre vous. Et maintenant, je vous confie à Dieu et à la parole de sa grâce, lui qui a le pouvoir de construire l'édifice et de donner à chacun l'héritage en compagnie de tous ceux qui ont été sanctifiés. Je n'ai convoité ni l'argent ni l'or ni le vêtement de personne. Vous le savez bien vous-mêmes : les mains que voici ont pourvu à mes besoins et à ceux de mes compagnons. En toutes choses, je vous ai montré qu'en se donnant ainsi de la peine, il faut secourir les faibles et se souvenir des paroles du Seigneur Jésus, car lui-même a dit : *Il y a plus de bonheur à donner qu'à recevoir.* » Quand Paul eut ainsi parlé, il s'agenouilla et pria avec eux tous. Tous se mirent à pleurer abondamment ; ils se jetaient au cou de Paul et l'embrassaient ; ce qui les affligeait le plus, c'est la parole qu'il avait dite : « Vous ne verrez plus mon visage. » Puis on l'accompagna jusqu'au bateau.

– Parole du Seigneur.

Psaume 67 (68)

℟ ***Royaumes de la terre, chantez pour le Seigneur.***
OU ***Alléluia !***

Ton Dieu l'a commandé : « Sois fort ! »
Montre ta force, Dieu, quand tu agis pour nous !
De ton palais, qui domine Jérusalem,
on voit des rois t'apporter leurs présents. ℟

Royaumes de la terre, chantez pour Dieu,
jouez pour le Seigneur.
Voici qu'il élève la voix, une voix puissante ;
rendez la puissance à Dieu. ℟

Redoutable est Dieu dans son t<u>e</u>mple saint,
le Die<u>u</u> d'Israël ;
c'est lui qui donne à son peuple f<u>o</u>rce et puissance.
Bén<u>i</u> soit Dieu ! ℟

Acclamation de l'Évangile

Alléluia. Alléluia. Ta parole, Seigneur, est vérité ; dans cette vérité, sanctifie-nous. ***Alléluia.***

Évangile de Jésus Christ

selon saint Jean (17, 11b-19)

« Qu'ils soient un comme nous-mêmes »

En ce temps-là, les yeux levés au ciel, Jésus priait ainsi : « Père saint, garde mes disciples unis dans ton nom, le nom que tu m'as donné, pour qu'ils soient un, comme nous-mêmes. Quand j'étais avec eux, je les gardais unis dans ton nom, le nom que tu m'as donné. J'ai veillé sur eux, et aucun ne s'est perdu, sauf celui qui s'en va à sa perte de sorte que l'Écriture soit accomplie. Et maintenant que je viens à toi, je parle ainsi, dans le monde, pour qu'ils aient en eux ma joie, et qu'ils en soient comblés. Moi, je leur ai donné ta parole, et le monde les a pris en haine parce qu'ils n'appartiennent pas au monde, de même que moi je n'appartiens pas au monde. Je ne prie pas pour que tu les retires du monde, mais pour que tu les gardes du Mauvais. Ils n'appartiennent pas au monde, de même que moi, je n'appartiens pas au monde. Sanctifie-les dans la vérité* : ta parole est vérité.

De même que tu m'as envoyé dans le monde, moi aussi, je les ai envoyés dans le monde. Et pour eux je me sanctifie moi-même, afin qu'ils soient, eux aussi, sanctifiés dans la vérité. »

Prière sur les offrandes

Accueille, Seigneur, nous t'en prions, le sacrifice que tu as toi-même institué : dans les saints mystères que nous célébrons pour te servir comme il convient, sanctifie-nous pleinement par ton œuvre de rédemption. Par le Christ, notre Seigneur. — ***Amen.***

Préface du temps pascal, p. 225, ou de l'Ascension, p. 71 ou p. 227.

Antienne de la communion

Quand viendra le Défenseur
que je vous enverrai, dit le Seigneur,
lui, l'Esprit de vérité qui procède
du Père, il rendra témoignage
en ma faveur ; et vous aussi,
vous allez rendre témoignage,
alléluia. (Jn 15, 26-27)

Prière après la communion

Seigneur, que notre participation à ton sacrement divin, augmente sans cesse en nous ta grâce : que sa force nous purifie et nous dispose à recevoir toujours mieux un si grand bienfait. Par le Christ, notre Seigneur.
— ***Amen.***

INVITATION

C'est aujourd'hui la Journée internationale des familles.
Je les confie dans ma prière.

COMMENTAIRE

Libres d'œuvrer Jean 17, 11b-19

Si notre prière peut être entendue de Dieu, à combien plus forte raison celle du Fils bien-aimé. Celle-ci fait signe vers l'après Pâques, quand Jésus ne sera plus là concrètement pour veiller sur ses disciples et les garder du Mauvais. Une veille qui ne contraint en rien les choix, comme en témoigne le destin de celui « qui s'en va à sa perte », Judas. De fait, notre liberté ne se construit-elle pas dans l'écoute de la Parole, reçue comme une parole d'amour à décrypter et à mettre en œuvre ? ■

***Emmanuelle Billoteau,** ermite*

✲ CLÉ DE LECTURE

« Sanctifie-les dans la vérité » Jean 17, 17 *(p. 113)*

Loin d'instaurer un caractère « sacré » des lieux ou des personnes qui s'opposerait au monde profane, Jésus invite ses amis à participer à la « sainteté » de Dieu. Il demande à Dieu de rendre saints les disciples comme il l'est lui-même. Une sainteté qui n'est autre que la vérité, c'est-à-dire la fidélité de Dieu lui-même à sa promesse. Une sainteté qui, loin de s'abstraire du monde, y est à l'œuvre comme la parole créatrice elle-même, renouvelant sans cesse la force de vie et d'amour que Dieu ne cesse de communiquer aux êtres humains. Participant à l'intimité de Dieu, Jésus est saint ; il offre à tous ceux qui le suivent d'entrer dans ce don dispensé à profusion, qui, parce qu'il jaillit du cœur aimant de Dieu, ne peut s'interrompre ni se renier. ■

***Roselyne Dupont-Roc,** bibliste*

JEUDI 16 MAI 2024

7E SEMAINE DE PÂQUES COULEUR LITURGIQUE : BLANC

Temps pascal, *messe de la férie*

Antienne d'ouverture

Avançons-nous avec assurance vers le Trône de la grâce,
pour obtenir miséricorde et recevoir, en temps voulu,
la grâce de son secours, alléluia. (He 4, 16)

Prière

Nous t'en prions, Seigneur, que ton Esprit, dans sa puissance, répande en nous les dons spirituels ; qu'il change notre cœur en un cœur qui te plaise, parfaitement accordé à ta volonté. Par Jésus… — ***Amen.***

Lecture

du livre des Actes des Apôtres (22, 30 ; 23, 6-11)

« Il faut que tu me rendes aussi témoignage à Rome »

En ces jours-là, Paul avait été arrêté à Jérusalem. Le lendemain, le commandant voulut savoir avec certitude de quoi les Juifs l'accusaient. Il lui fit enlever ses liens ; puis il convoqua les grands prêtres et tout le Conseil suprême, et il fit descendre Paul pour l'amener devant eux. Sachant que le Conseil suprême se répartissait entre sadducéens et pharisiens, Paul s'écria devant eux : « Frères, moi, je suis pharisien, fils de pharisiens. C'est à cause de notre espérance, la résurrection des morts,

que je passe en jugement. » À peine avait-il dit cela, qu'il y eut un affrontement entre pharisiens et sadducéens, et l'assemblée se divisa. En effet, les sadducéens disent qu'il n'y a pas de résurrection, pas plus que d'ange ni d'esprit, tandis que les pharisiens professent tout cela. Il se fit alors un grand vacarme. Quelques scribes du côté des pharisiens se levèrent et protestèrent vigoureusement : « Nous ne trouvons rien de mal chez cet homme. Et si c'était un esprit qui lui avait parlé, ou un ange ? » L'affrontement devint très violent, et le commandant craignit que Paul ne se fasse écharper. Il ordonna à la troupe de descendre pour l'arracher à la mêlée et le ramener dans la forteresse. La nuit suivante, le Seigneur vint auprès de Paul et lui dit : « Courage ! Le témoignage que tu m'as rendu à Jérusalem, il faut que tu le rendes aussi à Rome. »
– Parole du Seigneur.

Psaume 15 (16)

℟ ***Garde-moi, mon Dieu : j'ai fait de toi mon refuge.***

OU

Alléluia !

Garde-moi, mon Dieu : j'ai fait de toi mon refuge.
J'ai dit au Seigneur : « Tu es mon Dieu !
Seigneur, mon partage et ma coupe :
de toi dépend mon sort. » ℟

Je bénis le Seigneur qui me conseille :
même la nuit mon cœur m'avertit.
Je garde le Seigneur devant moi sans relâche ;
il est à ma droite : je suis inébranlable. ℟

Mon cœur exulte, mon âme est en fête,
ma chair elle-même repose en confiance :
tu ne peux m'abandonner à la mort
ni laisser ton ami voir la corruption. ℟

Tu m'apprends le chemin de la vie :
devant ta face, débordement de joie !
À ta droite, éternité de délices ! ℟

Acclamation de l'Évangile

Alléluia. Alléluia. Que tous soient un, comme toi, Père, tu es en moi, et moi en toi, pour que le monde croie que tu m'as envoyé. ***Alléluia.***

Évangile de Jésus Christ

selon saint Jean (17, 20-26)

« Qu'ils deviennent parfaitement un »

En ce temps-là, les yeux levés au ciel, Jésus priait ainsi : « Père saint, je ne prie pas seulement pour ceux qui sont là, mais encore pour ceux qui, grâce à leur parole, croiront en moi. Que tous soient un, comme toi, Père, tu es en moi, et moi en toi. Qu'ils soient un en nous, eux aussi, pour que le monde croie que tu m'as envoyé. Et moi, je leur ai donné la gloire que tu m'as donnée, pour qu'ils soient un comme nous sommes UN : moi en eux, et toi en moi. Qu'ils deviennent ainsi parfaitement un, afin que le monde sache que tu m'as envoyé, et que tu les as aimés comme tu m'as aimé.

« Père, ceux que tu m'as donnés, je veux que là où je suis, ils soient eux aussi avec moi, et qu'ils contemplent ma gloire, celle que tu m'as donnée parce que tu m'as aimé avant la fondation du monde. Père juste, le monde ne t'a pas connu, mais moi je t'ai connu, et ceux-ci ont reconnu que tu m'as envoyé. Je leur ai fait connaître ton nom, et je le ferai connaître, pour que l'amour dont tu m'as aimé soit en eux*, et que moi aussi, je sois en eux. »

Prière sur les offrandes

Dans ta bonté, sanctifie ces dons, nous t'en prions, Seigneur ; accepte le sacrifice spirituel que nous t'offrons, et fais de nous-mêmes une éternelle offrande pour toi. Par le Christ, notre Seigneur. — ***Amen.***

Préface du temps pascal, p. 225, ou de l'Ascension, p. 71 ou p. 227.

Antienne de la communion

Jésus déclarait à ses disciples :
« Je vous dis la vérité : il vaut mieux
pour vous que je m'en aille, car,
si je ne m'en vais pas, le Défenseur
ne viendra pas à vous », alléluia.
(Jn 16, 7)

Prière après la communion

Donne-nous de trouver, Seigneur, dans la communion à ces mystères, un enseignement qui nous affermit et une nourriture qui refait nos forces, afin d'être en mesure de recevoir les dons de l'Esprit Saint. Par le Christ, notre Seigneur. — ***Amen.***

INVITATION

Comme Jésus, je prie le Père les yeux levés vers le ciel.

COMMENTAIRE

L'unité des unicités Jean 17, 20-26

L'unité dont parle Jésus ne se confond pas avec l'uniformité, la pensée unique. Nous savons que Dieu aime la diversité. En témoignent le récit de la Création et l'image du corps du Christ doté de membres aux charismes différenciés. Ou encore le discours de Jésus s'identifiant au Bon Berger, qui appelle chacune de ses brebis par son nom, signe de leur unicité. Une réalité à approfondir en contemplant Dieu, Un et Trine. Une réalité à vivre en nous laissant unir toujours davantage au Christ. ■

Emmanuelle Billoteau, *ermite*

✲ CLÉ DE LECTURE

« Que l'amour dont tu m'as aimé soit en eux » Jean 17, 26 *(p. 119)*

L'échange constant d'amour entre le Père et le Fils n'est pas un cercle fermé. Il n'y a pas de clôture en Dieu. Jésus sait bien que le Père ne cesse de donner toujours plus largement, toujours plus loin, et qu'en lui et par lui, ses disciples sont associés à cet amour. Mais un risque se fait jour, celui d'une circularité qui tend à se refermer entre les disciples et le Christ, et un entre-soi mortifère qui tend à se constituer entre les disciples. La communauté johannique en a souffert, elle a risqué le repli sur soi et la séparation. C'est alors l'amour lui-même qui doit être questionné. L'amour que Jésus demande pour ses disciples est par définition sortie de soi, bénédiction à offrir : la bonté que Dieu veut répandre sur tous les êtres humains. ■

Roselyne Dupont-Roc, *bibliste*

VENDREDI 17 MAI 2024

7^E SEMAINE DE PÂQUES COULEUR LITURGIQUE : BLANC

Temps pascal, *messe de la férie*

Antienne d'ouverture

Le Christ nous aime, et il nous a délivrés de nos péchés par son sang; il a fait de nous un royaume et des prêtres pour son Dieu et Père, alléluia.

(Ap 1, 5)

Prière

Seigneur Dieu, en glorifiant ton Christ et en donnant la lumière de l'Esprit Saint, tu nous ouvres les portes de la vie éternelle ; fais qu'en participant à une telle grâce, nous soyons plus dévoués à te servir et obtenions une plus grande foi. Par Jésus... — ***Amen.***

12 - 18

Lecture

du livre des Actes des Apôtres (25, 13-21)

« Un certain Jésus qui est mort, mais que Paul affirme être en vie »

En ces jours-là, le roi Agrippa et Bérénice vinrent à Césarée saluer le gouverneur Festus. Comme ils passaient là plusieurs jours, Festus exposa au roi la situation de Paul en disant : « Il y a ici un homme que mon prédécesseur Félix a laissé en prison. Quand je me suis trouvé à Jérusalem, les grands prêtres et les anciens des Juifs ont exposé leurs griefs contre lui en réclamant sa condamnation. J'ai répondu que les Romains n'ont pas

coutume de faire la faveur de livrer qui que ce soit lorsqu'il est accusé, avant qu'il soit confronté avec ses accusateurs et puisse se défendre du chef d'accusation. Ils se sont donc retrouvés ici, et sans aucun délai, le lendemain même, j'ai siégé au tribunal et j'ai donné l'ordre d'amener cet homme. Quand ils se levèrent, les accusateurs n'ont mis à sa charge aucun des méfaits que, pour ma part, j'aurais supposés. Ils avaient seulement avec lui certains débats au sujet de leur propre religion, et au sujet d'un certain Jésus qui est mort, mais que Paul affirmait être en vie. Quant à moi, embarrassé devant la suite à donner à l'instruction, j'ai demandé à Paul s'il voulait aller à Jérusalem pour y être jugé sur cette affaire. Mais Paul a fait appel pour être gardé en prison jusqu'à la décision impériale. J'ai donc ordonné de le garder en prison jusqu'au renvoi de sa cause devant l'empereur. »
– Parole du Seigneur.

Psaume 102 (103)

℞ ***Le Seigneur a son trône dans les cieux.*** *OU* ***Alléluia !***

Bénis le Seigneur, ô mon âme,
bénis son nom très saint, tout mon être !
Bénis le Seigneur, ô mon âme,
n'oublie aucun de ses bienfaits ! ℞

Comme le ciel domine la terre,
fort est son amour pour qui le craint ;
aussi loin qu'est l'orient de l'occident,
il met loin de nous nos péchés. ℞

Le Seigneur a son trône dans les cieux :
sa royauté s'étend sur l'univers.
Messagers du Seigneur, bénissez-le,
invincibles porteurs de ses ordres ! ℞

Acclamation de l'Évangile

Alléluia. Alléluia. L'Esprit Saint vous enseignera tout, et il vous fera souvenir de tout ce que je vous ai dit. ***Alléluia.***

Évangile de Jésus Christ

selon saint Jean (21, 15-19)

« Sois le berger de mes agneaux. Sois le pasteur de mes brebis »

Jésus se manifesta encore aux disciples sur le bord de la mer de Tibériade. Quand ils eurent mangé, Jésus dit à Simon-Pierre : « Simon, fils de Jean, m'aimes-tu vraiment, plus que ceux-ci ? » Il lui répond : « Oui, Seigneur ! Toi, tu le sais : je t'aime. » Jésus lui dit : « Sois le berger de mes agneaux. » Il lui dit une deuxième fois : « Simon, fils de Jean, m'aimes-tu vraiment ? » Il lui répond : « Oui, Seigneur ! Toi, tu le sais : je t'aime. » Jésus lui dit : « Sois le pasteur de mes brebis. » Il lui dit, pour la troisième fois : « Simon, fils de Jean, m'aimes-tu ? » Pierre fut peiné parce que, la troisième fois, Jésus lui demandait : « M'aimes-tu ? » Il lui répond : « Seigneur, toi, tu sais tout : tu sais bien* que je t'aime. » Jésus lui dit : « Sois le berger de mes brebis. Amen, amen, je te le dis : quand tu étais jeune, tu mettais ta ceinture toi-même pour aller là où tu voulais ; quand tu seras vieux, tu étendras les mains, et c'est un autre qui te mettra ta ceinture, pour t'emmener là où tu ne voudrais pas aller. » Jésus disait cela pour signifier par quel genre de mort Pierre rendrait gloire à Dieu. Sur ces mots, il lui dit : « Suis-moi. »

Prière sur les offrandes

Regarde avec bonté, Seigneur, l'offrande de ton peuple, et, pour qu'elle te soit agréable, que la venue de l'Esprit Saint purifie nos consciences. Par le Christ, notre Seigneur. — ***Amen.***

Préface du temps pascal, p. 225, ou de l'Ascension, p. 71 ou p. 227.

Antienne de la communion

Quand viendra l'Esprit de vérité, dit le Seigneur, il vous guidera vers la vérité tout entière, alléluia.

(Jn 16, 13)

Prière après la communion

Seigneur Dieu, nous sommes purifiés et nourris par tes mystères que nous célébrons ; puisque tu leur as donné de refaire nos forces, qu'ils nous procurent la vie éternelle. Par le Christ, notre Seigneur. — ***Amen.***

INVITATION

Moi aussi, je dis trois fois à Jésus que je l'aime et que je veux le suivre.

COMMENTAIRE

Amour divin Jean 21, 15-19

Ce passage peut aider ceux qui confondent Dieu et leur « surmoi » exigeant. Jésus s'adapte aux capacités de Pierre, incapable d'aimer d'amour d'*agapè* (amour totalement désintéressé), mais ouvert à un amour d'amitié. La nuance est perceptible en grec, non en français. Si, dans les deux premières questions, Jésus interroge sur l'amour d'*agapè,* dans la troisième il ne parle plus à Pierre que de cet amour d'amitié évoqué dans les réponses. Un message d'espérance qui nous incite à être vrais. ■

Emmanuelle Billoteau, *ermite*

✻ CLÉ DE LECTURE

« Tu sais bien » Jean 21, 17 *(p. 123)*

On relève souvent dans ce texte le changement de terme désignant l'amour. À l'amour divin offert par Jésus, l'*agapè,* Pierre ne peut répondre que par le meilleur de l'amour humain, la *philia,* et Jésus lui en sait gré ! Mais Jésus a surtout entendu dans la déclaration de Pierre cette intense confession : « Seigneur, tu sais bien que je t'aime. » « Tu sais bien » : Pierre par trois fois a renié et trahi Jésus ; Pierre connaît sa propre faiblesse ; il sait qu'il peut toujours retomber dans la peur et la lâcheté. Mais il sait aussi désormais qu'il a un rempart, un appui inébranlable : Jésus le connaît, Jésus sait qu'au fond, Pierre, pauvrement, humblement, continuera à l'aimer. Telle est la foi profonde de Pierre qui le soutiendra jusqu'au bout de sa route. ■

Roselyne Dupont-Roc, *bibliste*

SAMEDI 18 MAI 2024

7E SEMAINE DE PÂQUES COULEUR LITURGIQUE : BLANC

Temps pascal, *messe de la férie*
ou **saint Jean Ier**

Antienne d'ouverture

Les disciples, d'un même cœur,
étaient assidus à la prière, avec des femmes,
avec Marie la mère de Jésus,
et avec ses frères, alléluia.
(Ac 1, 14)

Prière

Dieu tout-puissant, nous te prions au terme de ces fêtes pascales : que, par ta grâce, elles imprègnent nos actes et notre vie. Par Jésus… ***— Amen.***

Lecture

du livre des Actes des Apôtres (28, 16-20.30-31)

« Paul demeura à Rome ; il annonçait le règne de Dieu »

À notre arrivée à Rome, Paul a reçu l'autorisation d'habiter en ville avec le soldat qui le gardait. Trois jours après, il fit appeler les notables des Juifs. Quand ils arrivèrent, il leur dit : « Frères, moi qui n'ai rien fait contre notre peuple et les coutumes reçues de nos pères, je suis prisonnier depuis Jérusalem où j'ai été livré aux mains des Romains. Après m'avoir interrogé, ceux-ci voulaient me relâcher, puisque, dans mon cas, il n'y

avait aucun motif de condamnation à mort. Mais, devant l'opposition des Juifs, j'ai été obligé de faire appel à l'empereur, sans vouloir pour autant accuser ma nation. C'est donc pour ce motif que j'ai demandé à vous voir et à vous parler, car c'est à cause de l'espérance d'Israël que je porte ces chaînes. » Paul demeura deux années entières dans le logement qu'il avait loué ; il accueillait tous ceux qui venaient chez lui ; il annonçait le règne de Dieu et il enseignait ce qui concerne le Seigneur Jésus Christ avec une entière assurance et sans obstacle. – Parole du Seigneur.

Psaume 10 (11)

℟ ***Les hommes droits te verront face à face, Seigneur.***

OU

Alléluia !

Le Seigneur, dans son temple saint,
le Seigneur, dans les cieux où il trône,
garde les yeux ouverts sur le monde.
Il voit, il scrute les hommes. ℟

Le Seigneur a scruté le juste et le méchant :
l'ami de la violence, il le hait.
Vraiment, le Seigneur est juste ;
il aime toute justice :
les hommes droits le verront face à face. ℟

Acclamation de l'Évangile

Alléluia. Alléluia. Je vous enverrai l'Esprit de vérité, dit le Seigneur ; il vous conduira dans la vérité tout entière. ***Alléluia.***

Évangile de Jésus Christ

selon saint Jean (21, 20-25)

« C'est ce disciple qui a écrit ces choses ; son témoignage est vrai »

En ce temps-là, Jésus venait de dire à Pierre : « Suis-moi. » S'étant retourné, Pierre aperçoit, marchant à leur suite, le disciple que Jésus aimait. C'est lui qui, pendant le repas, s'était penché sur la poitrine de Jésus pour lui dire : « Seigneur, quel est celui qui va te livrer ? » Pierre, voyant donc ce disciple, dit à Jésus : « Et lui, Seigneur, que lui arrivera-t-il ? » Jésus lui répond : « Si je veux qu'il demeure jusqu'à ce que je vienne, que t'importe ? Toi, suis-moi. » Le bruit courut donc parmi les frères que ce disciple ne mourrait pas. Or, Jésus n'avait pas dit à Pierre qu'il ne mourrait pas, mais : « Si je veux qu'il demeure jusqu'à ce que je vienne, que t'importe ? »

C'est ce disciple qui témoigne de ces choses et qui les a écrites, et nous savons que son témoignage est vrai. Il y a encore beaucoup d'autres choses que Jésus a faites ; et s'il fallait écrire chacune d'elles, je pense que le monde entier ne suffirait pas pour contenir les livres que l'on écrirait.

Prière sur les offrandes

Que l'Esprit Saint, par sa venue, nous t'en prions, Seigneur, prépare nos esprits à recevoir tes sacrements, car il est lui-même le pardon de tout péché. Par le Christ, notre Seigneur. — ***Amen.***

Préface du temps pascal, p. 225, ou de l'Ascension, p. 71 ou p. 227.

Antienne de la communion

L'Esprit Saint me glorifiera,
dit le Seigneur, car il recevra
ce qui vient de moi
pour vous le faire connaître,
alléluia.
(Jn 16, 14)

Prière après la communion

Dans ta bonté, Seigneur, exauce nos prières : déjà, nous sommes passés du monde ancien aux sacrements des temps nouveaux : fais-nous quitter ce qui ne peut que vieillir, envoie-nous un esprit de renouveau et de sainteté. Par le Christ, notre Seigneur. ***— Amen.***

INVITATION

Et si, en cette veille de Pentecôte, j'envoyais le texte de la séquence de Pentecôte *(voir p. 136)* à un proche ?

COMMENTAIRE

Les destinées de Pierre et Jean Jean 21, 20-25

Pierre et Jean ont été appelés à suivre le Ressuscité, mais chacun à sa façon. Et il leur donne à tous deux une légitimité. La destinée du second dépend du Christ seul et non de Pierre, à qui elle demeurera mystérieuse jusqu'au bout. Quant à la note d'intimité qui relie Jean au Christ, elle n'enlève rien à Pierre. Voilà donc qui invite chacun à approfondir sa relation au Christ, son appel propre dans le respect de la différence : une donnée sur laquelle reviendra le récit de la Pentecôte. ■

***Emmanuelle Billoteau,** ermite*

DIMANCHE 19 MAI 2024

PENTECÔTE

ANNÉE B – COULEUR LITURGIQUE : ROUGE

« Vous allez rendre témoignage, car vous êtes avec moi depuis le commencement. » Jean 15, 27

© Marion Duval

« Tous furent remplis de l'Esprit Saint ! » Comment parler de l'Esprit Saint, si ce n'est en images ? Il est comme un baume sur les plaies, nous consolant aux jours de désarroi. Il est un souffle qui nous propulse, qui nous aide à aller de l'avant, à devenir de lumineux témoins de la Bonne Nouvelle. Aujourd'hui, laissons-nous conduire par le Saint-Esprit. Ce feu d'amour agit en nous et autour de nous.

RITES INITIAUX

Chant d'entrée *(Suggestions p. 248)*
(Suggestions p. 248)

OU

Antienne d'ouverture

L'Esprit du Seigneur remplit l'univers : lui qui tient ensemble tous les êtres, il sait se faire comprendre en toute langue, alléluia.
(cf. Sg 1, 7)

OU

L'amour de Dieu a été répandu dans nos cœurs
par son Esprit qui habite en nous, alléluia.
(Rm 5, 5 ; cf. 8, 11)

Suggestion de préparation pénitentielle *(ou p. 218)*

Frères et sœurs, en ce jour, nous fêtons la venue de l'Esprit Saint dans le monde. Préparons-nous à célébrer le mystère de l'eucharistie, en reconnaissant que nous avons péché.

> Seigneur Jésus, tu nous envoies le Souffle de vie et d'audace, tu nous appelles à semer ta Bonne Nouvelle à tous vents. Kyrie, eleison. ***— Kyrie, eleison.***
>
> Ô Christ, toi qui es venu panser nos plaies avec l'huile de ton amour, tu nous demandes d'apporter à tous les hommes la paix et la consolation. Christe, eleison.
> ***— Christe, eleison.***

Seigneur, toi dont le feu brûle toutes nos offenses, tu nous mènes sur un chemin d'amour et de sainteté. Kyrie, eleison.
— Kyrie, eleison.

Que Dieu tout-puissant nous fasse miséricorde ; qu'il nous pardonne nos péchés et nous conduise à la vie éternelle. ***— Amen.***

Gloire à Dieu *(p. 221)*

Prière

Seigneur Dieu, dans le mystère de la fête que nous célébrons aujourd'hui, tu sanctifies ton Église entière chez tous les peuples et dans toutes les nations ; répands les dons de l'Esprit Saint sur l'immensité du monde, et continue dans le cœur des croyants l'œuvre divine entreprise au début de la prédication évangélique. Par Jésus…
— Amen.

LITURGIE DE LA PAROLE

Lecture du livre des Actes des Apôtres (2, 1-11)

« Tous furent remplis d'Esprit Saint et se mirent à parler »

Quand arriva le jour de la Pentecôte, au terme des cinquante jours après Pâques, ils se trouvaient réunis tous ensemble. Soudain un bruit survint du ciel comme un violent coup de vent : la maison où ils étaient assis en fut remplie tout entière. Alors

leur apparurent des langues qu'on aurait dites de feu, qui se partageaient, et il s'en posa une sur chacun d'eux. Tous furent remplis d'Esprit Saint : ils se mirent à parler en d'autres langues, et chacun s'exprimait selon le don de l'Esprit.

Or, il y avait, résidant à Jérusalem, des Juifs religieux, venant de toutes les nations sous le ciel. Lorsque ceux-ci entendirent la voix qui retentissait, ils se rassemblèrent en foule. Ils étaient en pleine confusion parce que chacun d'eux entendait dans son propre dialecte ceux qui parlaient. Dans la stupéfaction et l'émerveillement, ils disaient : « Ces gens qui parlent ne sont-ils pas tous galiléens ? Comment se fait-il que chacun de nous les entende dans son propre dialecte, sa langue maternelle ? Parthes, Mèdes et Élamites, habitants de la Mésopotamie, de la Judée et de la Cappadoce, de la province du Pont et de celle d'Asie, de la Phrygie et de la Pamphylie, de l'Égypte et des contrées de Libye proches de Cyrène, Romains de passage, Juifs de naissance et convertis, Crétois et Arabes, tous nous les entendons parler dans nos langues des merveilles de Dieu. »

– Parole du Seigneur.

Psaume 103 (104)

℟ ***Ô Seigneur, envoie ton Esprit qui renouvelle la face de la terre !***
OU ***Alléluia !***

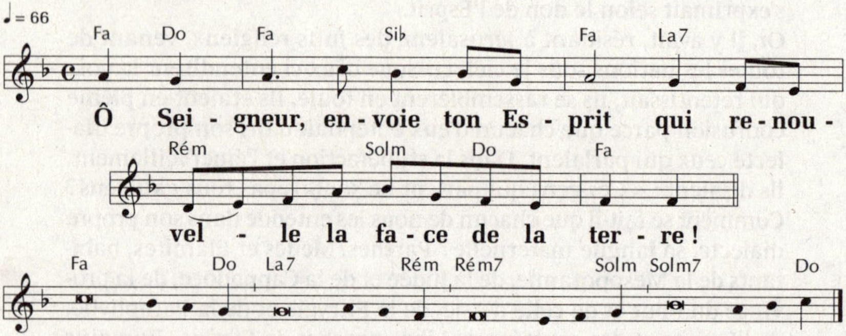

T. : AELF; M. : G. Previdi; Éd. : ADF.

Bénis le Seigneur, ô mon âme ;
Seigneur mon Dieu, tu es si grand !
Quelle profusion dans tes œuvres, Seigneur !
La terre s'emplit de tes biens. ℟

Tu reprends leur souffle, ils expirent
et retournent à leur poussière.
Tu envoies ton souffle : ils sont créés ;
tu renouvelles la face de la terre. ℟

Retrouvez
ce psaume sur le CD
"Les psaumes
de l'année B"

Gloire au Seigneur à tout jamais !
Que Dieu se réjouisse en ses œuvres !
Que mon poème lui soit agréable ;
moi, je me réjouis dans le Seigneur. ℟

Lecture de la lettre de saint Paul apôtre aux Galates (5, 16-25)

« Le fruit de l'Esprit »

Frères, je vous le dis : marchez sous la conduite de l'Esprit Saint, et vous ne risquerez pas de satisfaire les convoitises de la chair. Car les tendances de la chair s'opposent à l'Esprit, et les tendances de l'Esprit s'opposent à la chair. En effet, il y a là un affrontement qui vous empêche de faire tout ce que vous voudriez. Mais si vous vous laissez conduire par l'Esprit, vous n'êtes pas soumis à la Loi. On sait bien à quelles actions mène la chair : inconduite, impureté, débauche, idolâtrie, sorcellerie, haines, rivalité, jalousie, emportements, intrigues, divisions, sectarisme, envie, beuveries, orgies et autres choses du même genre. Je vous préviens, comme je l'ai déjà fait : ceux qui commettent de telles actions ne recevront pas en héritage le royaume de Dieu. Mais voici le fruit de l'Esprit : amour, joie, paix, patience, bonté, bienveillance, fidélité, douceur et maîtrise de soi. En ces domaines, la Loi n'intervient pas. Ceux qui sont au Christ Jésus ont crucifié en eux la chair, avec ses passions et ses convoitises. Puisque l'Esprit nous fait vivre, marchons sous la conduite de l'Esprit. – Parole du Seigneur.

Séquence

Viens, Esprit Saint, en nos cœurs
et envoie du haut du ciel
un rayon de ta lumière.

Viens en nous, père des pauvres,
viens, dispensateur des dons,
viens, lumière de nos cœurs.

Consolateur souverain,
hôte très doux de nos âmes,
adoucissante fraîcheur.

Dans le labeur, le repos ;
dans la fièvre, la fraîcheur ;
dans les pleurs, le réconfort.

Ô lumière bienheureuse,
viens remplir jusqu'à l'intime
le cœur de tous les fidèles.

Sans ta puissance divine,
il n'est rien en aucun homme,
rien qui ne soit perverti.

Lave ce qui est souillé,
baigne ce qui est aride,
guéris ce qui est blessé.

Assouplis ce qui est raide,
réchauffe ce qui est froid,
rends droit ce qui est faussé.

À tous ceux qui ont la foi
et qui en toi se confient
donne tes sept dons sacrés.

Donne mérite et vertu,
donne le salut final,
donne la joie éternelle.
— Amen.

Acclamation de l'Évangile

Alléluia. Alléluia. Viens, Esprit Saint ! Emplis le cœur de tes fidèles ! Allume en eux le feu de ton amour ! ***Alléluia.***

T. : AELF; M. : P. Robert.

Évangile de Jésus Christ selon saint Jean (15, 26-27 ; 16, 12-15)

« L'Esprit de vérité vous conduira dans la vérité tout entière »

En ce temps-là, Jésus disait à ses disciples : « Quand viendra le Défenseur, que je vous enverrai d'auprès du Père, lui, l'Esprit de vérité qui procède du Père, il rendra témoignage en ma faveur. Et vous aussi, vous allez rendre témoignage, car vous êtes avec moi depuis le commencement. J'ai encore beaucoup de choses à vous dire, mais pour l'instant vous ne pouvez pas les porter. Quand il viendra, lui, l'Esprit de vérité, il vous conduira dans la vérité tout

entière. En effet, ce qu'il dira ne viendra pas de lui-même : mais ce qu'il aura entendu, il le dira ; et ce qui va venir, il vous le fera connaître. Lui me glorifiera, car il recevra ce qui vient de moi pour vous le faire connaître. Tout ce que possède le Père est à moi ; voilà pourquoi je vous ai dit : L'Esprit reçoit ce qui vient de moi pour vous le faire connaître. »

Homélie

Profession de foi (p. 222)

Suggestion de prière universelle

Le prêtre :

« Tous furent remplis de l'Esprit Saint. » En ce jour de la Pentecôte, demandons au Saint-Esprit d'illuminer le monde entier. Prions-le pour l'Église et pour le monde.

℟ ***Sagesse d'amour, Esprit de lumière, guide nos pas.***

Bayard Liturgie ; T. : D. Lang ; M. : G. Notebaert.

Le diacre ou un lecteur :

« Viens Esprit Saint, envoie du haut du ciel un rayon de ta lumière. » À ton Église appelée à porter partout la Bonne

Nouvelle du salut, apporte courage et intelligence. Viens, Esprit de feu ! ℟

« À tous ceux qui ont la foi, donne tes sept dons sacrés. » Aux religieuses, religieux et séminaristes appelés à grandir dans leur parcours vocationnel, donne de devenir des témoins crédibles de l'Évangile. Viens, Esprit de sagesse ! ℟

« Ô lumière bienheureuse, viens remplir le cœur de tous les fidèles. » À tous les hommes et les femmes chargés de gouverner le monde, donne le discernement et le sens du partage. Viens, Esprit de force ! ℟

« Consolateur souverain, adoucissante fraîcheur. » À toutes les personnes blessées par la vie, victimes d'abus, de violence, d'indifférence ou des guerres, apporte le réconfort. Viens, Esprit consolateur ! ℟

(Ces intentions seront adaptées ou modifiées selon les circonstances.)

Le prêtre :

En ce jour de la Pentecôte, ô Esprit Saint, daigne exaucer toutes nos prières, par le Christ, notre Seigneur. — ***Amen.***

LITURGIE EUCHARISTIQUE

Prière sur les offrandes

Nous t'en prions, Seigneur, selon la promesse de ton Fils, que l'Esprit Saint nous fasse entrer plus avant dans l'intelligence du sacrifice que nous célébrons et nous ouvre à la vérité tout entière. Par le Christ, notre Seigneur. ***— Amen.***

Prière eucharistique *(Préface de la Pentecôte)*
Vraiment, il est juste et bon, pour ta gloire et notre salut, de t'offrir notre action de grâce, toujours et en tout lieu, Seigneur, Père très saint, Dieu éternel et tout-puissant. Pour accomplir jusqu'au bout le mystère de Pâques, tu as répandu largement aujourd'hui l'Esprit Saint sur ceux dont tu as fait tes enfants d'adoption en les unissant à ton Fils unique. C'est ton Esprit qui, au commencement de l'Église, a donné à tous les peuples la connaissance du vrai Dieu, et a rassemblé les diverses langues dans la confession d'une seule foi. C'est pourquoi la joie pascale rayonne par tout l'univers, la terre entière exulte, les puissances d'en haut et les anges dans le ciel chantent sans fin l'hymne de ta gloire : ***Saint ! Saint ! Saint…***

Chant de communion *(Suggestions p. 248)*
OU
Antienne de la communion
Tous furent remplis d'Esprit Saint,
et proclamaient les merveilles de Dieu, alléluia. (Ac 2, 4.11)

Prière après la communion
Seigneur Dieu, tu accordes largement les dons du ciel à ton Église,

protège la grâce que tu lui as donnée : que l'effusion de l'Esprit Saint agisse avec toujours plus de force, et que cette nourriture spirituelle multiplie les effets de la rédemption éternelle. Par le Christ, notre Seigneur. **— *Amen.***

RITE DE CONCLUSION

Bénédiction solennelle

Dieu, le Père des lumières, a voulu éclairer le cœur des disciples par l'effusion de l'Esprit Consolateur : qu'il vous donne la joie de sa bénédiction et vous accorde à jamais les dons de l'Esprit.

— *Amen.*

Que le feu d'en haut venu sur les disciples consume avec puissance tout mal au fond de vos cœurs et les éclaire par l'effusion de sa lumière.

— *Amen.*

L'Esprit rassemble les peuples de toutes langues pour proclamer une seule foi : qu'il vous donne de persévérer dans cette même foi et de passer ainsi de l'espérance à la claire vision.

— *Amen.*

Et que la bénédiction de Dieu tout-puissant, le Père, et le Fils, ✠ et le Saint-Esprit, descende sur vous et y demeure toujours.

— *Amen.*

Envoi

COMMENTAIRE DU DIMANCHE

Anne Da, xavière

Sous la conduite de l'Esprit

Aux disciples, éprouvés par la perspective de la séparation d'avec leur Seigneur, Jésus fait une promesse : envoyer son Esprit qui les conduira dans la vérité tout entière. Cet unique Esprit du Père et du Fils donné aux disciples les fait entrer dans une connaissance intérieure plus profonde du mystère de la relation trinitaire. Toutes les personnes rassemblées au jour de Pentecôte reçoivent d'entendre, chacune dans sa langue, la parole de vie transmise par les disciples, eux-mêmes saisis par l'Esprit Saint qui se communique à eux. L'Esprit leur donne de rejoindre chacun de façon différenciée, là où il en est dans son histoire et sa culture propre. C'est un Esprit qui s'adapte à l'humanité, qui connaît sa langue, qui l'instruit et la conduit. Car il s'agit bien d'une conduite : Paul invite à marcher sous la conduite de l'Esprit, à choisir de manière concrète au quotidien ce qui conduit à la vie, à refuser les convoitises de la chair qui détournent de la vie. Il nous encourage à nous décider en faveur des tendances de l'Esprit pour sortir vainqueurs du combat contre les tendances de la chair. Recevoir l'Esprit est un don mais aussi un travail, un labeur. Le don de l'Esprit fait entrer dans un combat qui nous engage dans le détail de nos vies à choisir ce chemin. Les signes de cette victoire sont « amour, joie, paix, patience, bonté, bienveillance, fidélité, douceur et maîtrise de soi ».

Ai-je le désir de me laisser conduire par l'Esprit de vérité
et de lui ouvrir mon espace intérieur ?

Ai-je l'expérience du travail de l'Esprit en moi, qui me donne
de parler et entendre la langue de l'autre ? ■

PrionsenÉglise Junior

LIRE L'ÉVANGILE AVEC LES ENFANTS

CE QUE JE DÉCOUVRE

Tes parents, tes grands-parents ou d'autres personnes t'ont parlé de Jésus. Ils ont pu le faire grâce à l'Esprit Saint reçu le jour de leur baptême. C'est le même Esprit que les Apôtres ont reçu à la Pentecôte, comme un « souffle de vie ». Avant de courir, tu respires profondément. Puis tu contrôles ton souffle pour accompagner ton effort. **L'Esprit Saint, c'est comme le souffle de Dieu.** Il nous donne la vie. Il est avec nous pour toujours.

CE QUE JE VIS

Qui t'a fait connaître Jésus ?
À qui peux-tu faire connaître Jésus ?
Fais la liste des situations où tu as besoin de courage… Et demande à Jésus de te donner l'Esprit Saint.

Texte : Cédric Kuntz. Illustrations : Marcelino Truong

MÉDITATION BIBLIQUE

PENTECÔTE

Actes des Apôtres 2, 1-11

Les surprises de l'Esprit

La fête de la Pentecôte offre une belle fenêtre sur la façon dont Dieu prend soin de notre monde.

Le temps de la préparation

« Quelle profusion dans tes œuvres, Seigneur ! Tout cela, ta sagesse l'a fait ; la terre s'emplit de tes biens. » (Ps 103, 24)

Le temps de l'observation

Les Apôtres sont réunis pour faire mémoire du don de la parole de Dieu. Soudain, un nouvel événement vient tout bouleverser. Du bruit, du vent, du feu… Tout ressemble à si méprendre aux phénomènes présents au moment de la révélation de la Torah. C'est bien un autre Sinaï qui s'impose aux membres du peuple juif présents en ce lieu. De fait, les fruits ne tardent pas. Recevant ce souffle venu de Dieu, chacun se met à comprendre pour lui-même les mots prononcés pourtant en d'autres langues. Que ce don et cette manifestation de l'Esprit Saint se …

... traduisent par un événement de parole est tout sauf un hasard. Là, à Jérusalem, cinquante jours après la mort de Jésus, Dieu renouvelle sa parole et son langage. Le Verbe à l'œuvre dans le monde s'amplifie. Désormais, la parole de Dieu se dira dans d'autres langues et, bientôt, à d'autres peuples. Le peuple juif est le premier témoin de ce nouveau moment de révélation de Dieu au monde.

Le temps de la méditation

Ce que nous appelons à présent la Pentecôte est le signe qu'un renouveau de la Parole est à l'œuvre. Ce don approfondit celui du Sinaï, lui donne un éclairage neuf. Et ce que ce Souffle change en premier concerne les relations. Personne n'est désormais exclu des échanges et de la compréhension. Personne n'a plus à se taire parce qu'il ne comprend pas ou parce qu'il craint de n'être pas compris. À partir de là, nous sommes tous autorisés, tous invités à prendre part à la grande conversation à laquelle Dieu nous invite. Dire les merveilles que Dieu accomplit dans nos vies et le faire à notre façon est devenu possible. La Parole circule et cela passe par des prises de paroles inédites et inattendues. Peut-être cela en étonnera-t-il certains. Peut-être serons-nous traités de buveurs excessifs, de rêveurs ou de dangereux révolutionnaires. Mais personne ne dit à l'Esprit Saint le chemin qu'il doit prendre.

Le temps de la prière

« Tu envoies ton souffle : ils sont créés ; tu renouvelles la face de la terre. Gloire au Seigneur à tout jamais ! Que Dieu se réjouisse en ses œuvres ! » (Ps 103, 30-31) ■

Marie-Laure Durand, bibliste

Photo © Yann le Goff/Adobe Stock

PARTAGE BIBLIQUE

Environ 45 minutes

Une bible ou Prions en Église*, page 134*

« Ô SEIGNEUR, ENVOIE TON ESPRIT » (PS 103 [104])

Lire

Ce partage biblique est centré sur le psaume de ce dimanche. Méditons ensemble ce magnifique poème de louange que nous pouvons lire en entier.

Comprendre le texte

Le psaume 103 (104) est un admirable cantique approprié à toutes les circonstances. Il met en exergue la miséricorde de Dieu, sa compassion envers les pécheurs. C'est un cri d'émerveillement devant la Création, cri qui monte vers l'auteur de cette merveille. La créature découvre que l'acte créateur de Dieu, loin d'être épuisé, se renouvelle chaque jour pour le bonheur de l'univers. L'homme ne peut s'arrêter de contempler l'œuvre de lumière de son Dieu. Le psalmiste décrit le monde comme une matière vivante, harmonieuse, colorée, vibrante, •••

PARTAGE BIBLIQUE (SUITE) «Ô SEIGNEUR, ENVOIE TON ESPRIT» (PS 103 [104])

••• tendue vers son Créateur qui, lui, est enveloppé de splendeur et de lumière. Dans la tradition biblique, la notion de bénédiction implique toujours l'idée d'abondance, de don, de quelque chose d'éminemment positif. En retour, l'être humain bénit Dieu et fait son éloge. Bénir s'apparente alors à une reconnaissance du don, du bien reçu. La liturgie propose ce psaume pour la fête de la Pentecôte, puisqu'il est raconté, dans le livre des Actes, que les Apôtres enthousiastes, emplis du Souffle saint, se sont mis à proclamer dans toutes les langues les merveilles de Dieu.

Partager

- Que signifie pour moi la bénédiction ?
- Peut-on tout bénir ?
- Quelles sont mes attentes quand je demande une bénédiction ?
- La bénédiction a-t-elle une place hors des rites religieux ?

Prier

Chantons à pleine voix *Bénis le Seigneur, ô mon âme* (p. 257). ■

Sylvain Gasser, prêtre assomptionniste

LUNDI 20 MAI 2024

COULEUR LITURGIQUE : BLANC

Bienheureuse Vierge Marie, Mère de l'Église

Antienne d'ouverture

Les disciples, d'un seul cœur,
persévéraient dans la prière avec Marie,
la Mère de Jésus. (cf. Ac 1, 14)

Prière

Dieu, Père de toute miséricorde, ton Fils unique, cloué sur la croix, a voulu que la bienheureuse Vierge Marie, sa Mère, soit aussi notre mère ; accorde à ton Église, soutenue par son amour, la joie de donner naissance à des enfants toujours plus nombreux, de les voir grandir en sainteté et d'attirer à elle toutes les familles des peuples. Par Jésus… ***— Amen.***

Lectures propres à la mémoire de la bienheureuse Vierge Marie, Mère de l'Église.

Lecture

du livre des Actes des Apôtres (1, 12-14)

« Ils étaient assidus à la prière, avec Marie, la mère de Jésus »

Les Apôtres, après avoir vu Jésus s'en aller vers le ciel, retournèrent à Jérusalem depuis le lieu-dit « mont des Oliviers » qui en est proche, – la distance de marche ne dépasse pas ce qui est permis le jour du sabbat. À leur arrivée, ils montèrent dans la chambre haute où ils se tenaient

habituellement ; c'était Pierre, Jean, Jacques et André, Philippe et Thomas, Barthélemy et Matthieu, Jacques fils d'Alphée, Simon le Zélote, et Jude fils de Jacques. Tous, d'un même cœur, étaient assidus à la prière, avec des femmes, avec Marie la mère de Jésus, et avec ses frères. – Parole du Seigneur.

On peut aussi lire Genèse 3, 9-15.20.

Psaume 86 (87)

℟ ***Pour ta gloire on parle de toi, ville de Dieu !***

Elle est fondée sur les montagnes saintes.
Le Seigneur aime les portes de Sion
plus que toutes les demeures de Jacob. ℟

Pour ta gloire on parle de toi, ville de Dieu !
Mais on appelle Sion : « Ma mère ! »
car en elle, tout homme est né.
C'est lui, le Très-Haut, qui la maintient. ℟

Au registre des peuples, le Seigneur écrit :
« Chacun est né là-bas. »
Tous ensemble ils dansent, et ils chantent :
« En toi, toutes nos sources ! » ℟

Acclamation de l'Évangile

Alléluia. Alléluia. Heureuse Vierge Marie, tu as enfanté le Seigneur ! Bienheureuse Mère de l'Église, tu fais brûler en nous l'Esprit de ton Fils Jésus, le Christ. ***Alléluia.***

Évangile de Jésus Christ

selon saint Jean (19, 25-34)

« Voici ton fils. Voici ta mère »

En ce temps-là, près de la croix de Jésus se tenaient sa mère et la sœur de sa mère, Marie, femme de Cléophas, et Marie Madeleine. Jésus, voyant sa mère, et près d'elle le disciple qu'il aimait, dit à sa mère : « Femme, voici ton fils. » Puis il dit au disciple : « Voici ta mère. » Et à partir de cette heure-là, le disciple la prit chez lui. Après cela, sachant que tout, désormais, était achevé pour que l'Écriture s'accomplisse jusqu'au bout, Jésus dit : « J'ai soif. » Il y avait là un récipient plein d'une boisson vinaigrée. On fixa donc une éponge remplie de ce vinaigre à une branche d'hysope, et on l'approcha de sa bouche. Quand il eut pris le vinaigre, Jésus dit : « Tout est accompli. » Puis, inclinant la tête, il remit l'esprit. Comme c'était le jour de la Préparation (c'est-à-dire le vendredi), il ne fallait pas laisser les corps en croix durant le sabbat, d'autant plus que ce sabbat était le grand jour de la Pâque. Aussi les Juifs demandèrent à Pilate qu'on enlève les corps après leur avoir brisé les jambes. Les soldats allèrent donc briser les jambes du premier, puis de l'autre homme crucifié avec Jésus. Quand ils arrivèrent à Jésus, voyant qu'il était déjà mort, ils ne lui brisèrent pas les jambes, mais un des soldats avec sa lance lui perça le côté ; et aussitôt, il en sortit du sang et de l'eau.

Prière sur les offrandes

Accueille, Seigneur, nos offrandes pour en faire le mystère de notre salut : que, par sa puissance, nous brûlions de l'amour qui habitait la Vierge Marie, Mère de l'Église, et méritions d'être associés plus étroitement avec elle à l'œuvre de la rédemption. Par le Christ, notre Seigneur. **— *Amen.***

Prière eucharistique

(Préface de la Vierge Marie, Mère de l'Église)

Vraiment, il est juste et bon, pour ta gloire et notre salut, de t'offrir notre action de grâce, toujours et en tout lieu, Seigneur, Père très saint, Dieu éternel et tout-puissant. Quand nous célébrons la Vierge Marie, c'est à toi que s'adressent nos louanges. En accueillant ton Verbe dans un cœur immaculé, elle a mérité de le concevoir dans son sein virginal. En donnant le jour à son Créateur, elle veillait déjà sur les débuts de l'Église. En recevant au pied de la croix le testament du Dieu d'amour, elle accueillait comme ses fils tous les hommes, que la mort du Christ a fait naître à la vie divine. Quand les Apôtres attendaient l'Esprit que tu avais promis, elle a joint sa supplication à celle des disciples, devenant ainsi le modèle de l'Église en prière. Élevée dans la gloire du ciel, elle accompagne et protège de son amour maternel l'Église en marche vers la patrie jusqu'au jour où le Seigneur viendra dans sa gloire. C'est pourquoi, avec les saints et tous les anges, nous te louons et sans fin nous proclamons : ***Saint ! Saint ! Saint…***

Antienne de la communion

Il y eut des noces à Cana en Galilée, et la Mère de Jésus était là. C'est alors que Jésus fit le premier de ses signes : il manifesta sa gloire, et ses disciples crurent en lui. (cf. Jn 2, 1.11)

OU

Suspendu à la croix,
Jésus dit au disciple qu'il aimait :
« Voici ta mère. » (cf. Jn 19, 26-27)

Prière après la communion

Nous avons reçu le gage de la rédemption et de la vie, et nous te supplions encore, Seigneur : qu'avec l'aide maternelle de la Vierge Marie, ton Église enseigne tous les peuples par l'annonce de l'Évangile et remplisse le monde entier de l'effusion de ton Esprit. Par le Christ, notre Seigneur.
— Amen.

INVITATION

En ce lundi de Pentecôte, je prie une dizaine de chapelet pour l'Église.

COMMENTAIRE

Que serions-nous sans elle ? Actes 1, 12-14

Nombreuses sont les icônes de la Pentecôte à proposer à la contemplation des fidèles les Apôtres réunis au Cénacle, entourant la Vierge Marie. Au seuil de l'enfantement du Fils de Dieu, l'Esprit l'abritait sous son ombre. Au jour de la naissance de l'Église, il la couronne d'une vive flamme. Mère de Jésus, elle n'en finit pas de mettre au monde son grand corps, prémices du Royaume. Qu'elle nous garde dans l'unité de l'amour. ■

***Bénédicte de la Croix**, cistercienne*

MARDI 21 MAI 2024

7[E] SEMAINE DU TEMPS ORDINAIRE COULEUR LITURGIQUE : VERT

Temps ordinaire, *suggestion d'oraisons et d'antiennes n° 23*
ou **saint Christophe Magallanès et ses compagnons**

Antienne d'ouverture

Toi, tu es juste, Seigneur, tu es droit dans ton jugement.
Agis pour ton serviteur selon ta miséricorde. (cf. Ps 118, 137.124a)

Prière

Seigneur Dieu, par toi nous vient la rédemption, par toi nous est donnée l'adoption filiale ; dans ta bonté, regarde avec amour tes enfants ; à ceux qui croient au Christ, accorde la vraie liberté et la vie éternelle en héritage. Par Jésus… ***— Amen.***

Lecture

de la lettre de saint Jacques (4, 1-10)

« Vous demandez, mais vous ne recevez rien ; en effet, vos demandes sont mauvaises »

Bien-aimés, d'où viennent les guerres, d'où viennent les conflits entre vous ? N'est-ce pas justement de tous ces désirs qui mènent leur combat en vous-mêmes ? Vous êtes pleins de convoitises* et vous n'obtenez rien, alors vous tuez ; vous êtes jaloux et vous n'arrivez pas à vos fins, alors vous entrez en conflit et vous faites la guerre. Vous n'obtenez rien parce que vous ne demandez pas ; vous demandez, mais vous ne recevez rien ; en effet, vos demandes sont mauvaises, puisque c'est pour tout dépenser en

plaisirs. Adultères que vous êtes ! Ne savez-vous pas que l'amour pour le monde rend ennemi de Dieu ? Donc celui qui veut être ami du monde se pose en ennemi de Dieu. Ou bien pensez-vous que l'Écriture parle pour rien quand elle dit : *Dieu veille jalousement sur l'Esprit qu'il a fait habiter en nous ?* Dieu ne nous donne-t-il pas une grâce plus grande encore ? C'est ce que dit l'Écriture : *Dieu s'oppose aux orgueilleux, aux humbles il accorde sa grâce.* Soumettez-vous donc à Dieu, et résistez au diable : il s'enfuira loin de vous. Approchez-vous de Dieu, et lui s'approchera de vous. Pécheurs, enlevez la souillure de vos mains ; esprits doubles, purifiez vos cœurs. Reconnaissez votre misère, prenez le deuil et pleurez ; que votre rire se change en deuil et votre joie en accablement. Abaissez-vous devant le Seigneur, et il vous élèvera.

– Parole du Seigneur.

Psaume 54 (55)

℟ ***Décharge ton fardeau sur le Seigneur : il prendra soin de toi.***

J'ai dit : « Qui me donnera
des ailes de colombe ?
Je volerais en lieu sûr ;
loin, très loin, je m'enfuirais
pour chercher asile au désert. » ℟

J'ai hâte d'avoir un abri
contre ce grand vent de tempête !
Divise-les, Seigneur,
mets la confusion dans leur langage ! ℟

Car je vois dans la ville
discorde et violence :
de jour et de nuit, elles tournent
en haut de ses remparts. ℟

Décharge ton fardeau sur le Seigneur :
il prendra soin de toi.

Jamais il ne permettra
que le juste s'écroule. ℟

Acclamation de l'Évangile

Alléluia. Alléluia. Que la croix du Seigneur soit ma seule fierté ! Par elle, le monde est crucifié pour moi, et moi pour le monde. ***Alléluia.***

Évangile de Jésus Christ

selon saint Marc (9, 30-37)

*« Le Fils de l'homme est livré.
Si quelqu'un veut être le premier, qu'il soit le dernier de tous »*

En ce temps-là, Jésus traversait la Galilée avec ses disciples, et il ne voulait pas qu'on le sache, car il enseignait ses disciples en leur disant : « Le Fils de l'homme est livré aux mains des hommes ; ils le tueront et, trois jours après sa mort, il ressuscitera. » Mais les disciples ne comprenaient pas ces paroles et ils avaient peur de l'interroger. Ils arrivèrent à Capharnaüm, et, une fois à la maison, Jésus leur demanda : « De quoi discutiez-vous en chemin ? » Ils se taisaient, car, en chemin, ils avaient discuté entre eux pour savoir qui était le plus grand. S'étant assis, Jésus appela les Douze et leur dit : « Si quelqu'un veut être le premier, qu'il soit le dernier de tous et le serviteur de tous. » Prenant alors un enfant, il le plaça au milieu d'eux, l'embrassa, et leur dit : « Quiconque accueille en mon nom un enfant comme celui-ci, c'est moi qu'il accueille. Et celui qui m'accueille, ce n'est pas moi qu'il accueille, mais Celui qui m'a envoyé. »

Prière sur les offrandes

Seigneur Dieu, source de la piété véritable et de la paix, nous t'en prions, accorde-nous d'honorer dignement ta gloire par cette offrande ; que, dans la participation fidèle aux saints mystères, nous prenions davantage conscience de notre unité. Par le Christ, notre Seigneur. **— *Amen.***

Antienne de la communion

Comme un cerf altéré cherche
la source des eaux, ainsi mon âme
te désire, toi, mon Dieu. Mon âme
a soif de Dieu, le Dieu vivant et fort.
(cf. Ps 41, 2-3)

OU

Je suis la lumière du monde,
dit le Seigneur. Celui qui me suit
ne marchera pas dans les ténèbres,
il aura la lumière de la vie.
(Jn 8, 12)

Prière après la communion

Par ta parole, Seigneur, et par le sacrement du ciel, tu nourris tes fidèles et tu les fais vivre : accorde-nous de si bien profiter de tels dons que nous soyons associés pour toujours à la vie de ton Fils bien-aimé. Lui qui… **— *Amen.***

INVITATION

En cette fête de saint Constantin, qui autorisa la religion chrétienne et la libre réunion des évêques en Orient, je peux m'informer sur les premiers conciles qui ont façonné l'Église et je récite le Credo.

COMMENTAIRE

Secouez-vous ! Jacques 4, 1-10

Les paroles de saint Jacques ont la dureté d'un amour inconditionnel. « Adultères que vous êtes ! », lance-t-il à ses bien-aimés. Cette accusation, qui va de pair avec celle de la prostitution, se trouve dans la bouche de la plupart des prophètes. Ils constatent avec grande douleur que le cœur de l'homme, de la femme, est partagé. Et ils tentent, non sans une certaine violence verbale, de réveiller leurs consciences. Saurons-nous les entendre ? ■

Bénédicte de la Croix, cistercienne

✲ CLÉ DE LECTURE

« Pleins de convoitises » Jacques 4, 2 *(p. 154)*

Dans la tradition chrétienne, l'orgueil a été considéré comme le péché capital. Mais dans la tradition des chapitres 3 et 4 du livre de la Genèse, dont Jacques se fait l'écho, la cause des malheurs humains est la convoitise : le désir qui veut mettre la main sur toutes choses, la jalousie qui veut prendre la place de l'autre et la recherche narcissique de sa propre supériorité. Comme Paul (Rm 7, 7-8), Jacques y voit la source de la violence qui ronge les relations humaines, conflits et guerres sans fin. Ce désir dévorant détourne l'humanité et le monde de la volonté aimante de Dieu. On retrouve alors une invitation vibrante à l'humilité : elle consiste à se reconnaître limité, dépendant, à accepter le projet d'amour de Dieu pour chacun, et la joie de la relation partagée. ■

Roselyne Dupont-Roc, bibliste

MERCREDI 22 MAI 2024

7^E SEMAINE DU TEMPS ORDINAIRE COULEUR LITURGIQUE : VERT

Temps ordinaire, *suggestion d'oraisons et d'antiennes n° 24*
ou **sainte Rita de Cascia**

Antienne d'ouverture

Donne la paix, Seigneur,
à ceux qui t'attendent ;
que tes prophètes soient reconnus dignes de foi.
Écoute les prières de ton serviteur,
et de ton peuple Israël. (cf. Si 36, 21-22)

Prière

Dieu créateur et maître de tout, pose sur nous ton regard, et pour que nous ressentions l'effet de ton pardon, accorde-nous de te servir avec un cœur sans partage. Par Jésus… — ***Amen.***

Lecture

de la lettre de saint Jacques (4, 13-17)

« Vous ne savez même pas ce que sera votre vie demain !
Vous devriez dire : "Si le Seigneur le veut bien" »

Bien-aimés, vous autres, maintenant, vous dites : « Aujourd'hui ou demain nous irons dans telle ou telle ville, nous y passerons l'année, nous ferons du commerce et nous gagnerons de l'argent », alors que vous ne savez même pas ce que sera votre vie demain ! Vous n'êtes qu'un

peu de brume, qui paraît un instant puis disparaît. Vous devriez dire au contraire : « Si le Seigneur le veut bien, nous serons en vie et nous ferons ceci ou cela. » Et voilà que vous mettez votre fierté dans vos vantardises. Toute fierté de ce genre est mauvaise ! Être en mesure de faire le bien et ne pas le faire, c'est un péché.
– Parole du Seigneur.

Psaume 48 (49)

℟ ***Heureux les pauvres de cœur, car le royaume des Cieux est à eux !***

Écoutez ceci, tous les peuples,
entendez bien, habitants de l'univers,
gens illustres, gens obscurs,
riches et pauvres, tous ensemble. ℟

Pourquoi craindre aux jours de malheur
ces fourbes qui me talonnent pour m'encercler,
ceux qui s'appuient sur leur fortune
et se vantent de leurs grandes richesses ? ℟

Nul ne peut racheter son frère
ni payer à Dieu sa rançon :
aussi cher qu'il puisse payer,
toute vie doit finir. ℟

Peut-on vivre indéfiniment
sans jamais voir la fosse ?
Vous voyez les sages mourir :
comme le fou et l'insensé ils périssent,
laissant à d'autres leur fortune. ℟

Acclamation de l'Évangile

Alléluia. Alléluia. Moi, je suis le Chemin, la Vérité et la Vie, dit le Seigneur. Personne ne va vers le Père sans passer par moi. ***Alléluia.***

Évangile de Jésus Christ

selon saint Marc (9, 38-40)

« Celui qui n'est pas contre nous est pour nous »

En ce temps-là, Jean, l'un des Douze, disait à Jésus : « Maître, nous avons vu quelqu'un expulser les démons en ton nom ; nous l'en avons empêché, car il n'est pas de ceux qui nous suivent. » Jésus répondit : « Ne l'en empêchez pas, car celui qui fait un miracle en mon nom ne peut pas, aussitôt après, mal parler de moi ; celui qui n'est pas contre nous est pour nous. »

Prière sur les offrandes

Sois favorable à nos supplications, Seigneur, et dans ta bonté accueille les offrandes de ceux qui te servent : que les dons offerts par chacun en l'honneur de ton nom soient utiles au salut de tous. Par le Christ, notre Seigneur. ***— Amen.***

Antienne de la communion

Qu'elle est précieuse, ta miséricorde,
ô mon Dieu ! Les hommes
trouvent refuge à l'ombre de tes ailes.
(cf. Ps 35, 8)

OU

La coupe de bénédiction
que nous bénissons est
communion au sang du Christ.
Le pain que nous rompons est
participation au corps du Seigneur.
(cf. 1 Co 10, 16)

Prière après la communion

Que la force agissante de ce don divin, nous t'en prions, Seigneur, saisisse nos esprits et nos corps, afin que son influence, et non pas notre sentiment, prédomine toujours en nous. Par le Christ, notre Seigneur. — ***Amen.***

INVITATION

Au milieu de toutes les sollicitations qui peuvent m'assaillir dans une journée, je prends appui sur la Parole pour me centrer sur l'essentiel.

COMMENTAIRE

Querelles de clocher

Marc 9, 38-40

Les Apôtres connaissaient déjà les querelles de clocher. Ils s'insurgent devant ceux qui ne font pas partie du sérail, comme si les œuvres de miséricorde de ces derniers portaient ombrage à leur apostolat. Jésus les apaise avec bon sens et largesse de cœur. Puissions-nous, comme lui, admirer l'engagement des autres au lieu de nous laisser contaminer par la jalousie et le soupçon. Les champs à moissonner sont plus nombreux que les ouvriers. ■

Bénédicte de la Croix, *cistercienne*

JEUDI 23 MAI 2024

7e SEMAINE DU TEMPS ORDINAIRE COULEUR LITURGIQUE : VERT

Temps ordinaire, *suggestion d'oraisons et d'antiennes n° 25*

Antienne d'ouverture

Je suis le salut de mon peuple, dit le Seigneur, dans toutes les épreuves, s'il crie vers moi, je l'exaucerai ; je serai son Seigneur pour toujours.

Prière

Seigneur Dieu, tu as voulu que toute la loi de sainteté consiste à t'aimer et à aimer son prochain : donne-nous de garder tes commandements, et de parvenir ainsi à la vie éternelle. Par Jésus… ***— Amen.***

Lecture

de la lettre de saint Jacques (5, 1-6)

« Le salaire dont vous avez frustré les ouvriers, le voici qui crie, et leurs clameurs sont parvenues aux oreilles du Seigneur »

Vous autres, maintenant, les riches ! Pleurez, lamentez-vous sur les malheurs qui vous attendent. Vos richesses sont pourries, vos vêtements sont mangés des mites, votre or et votre argent sont rouillés. Cette rouille sera un témoignage contre vous, elle dévorera votre chair comme un feu. Vous avez amassé des richesses, alors que nous sommes dans les derniers jours* ! Le salaire dont vous avez frustré les ouvriers qui ont moissonné vos champs, le voici qui crie, et les clameurs des moissonneurs sont parvenues aux oreilles du Seigneur de l'univers. Vous avez mené sur terre une vie de luxe et de délices, et vous vous êtes rassasiés au jour du massacre. Vous avez condamné le juste et vous l'avez tué, sans qu'il vous oppose de résistance. – Parole du Seigneur.

Psaume 48 (49)

℟ ***Heureux les pauvres de cœur, car le royaume des Cieux est à eux !***

Voici le destin des insensés
et l'avenir de qui aime les entendre :
troupeau parqué pour les enfers
et que la mort mène paître. ℟

Dans la mort, s'effaceront leurs visages :
pour eux, plus de palais !
Mais Dieu rachètera ma vie
aux griffes de la mort :
c'est lui qui me prendra. ℟

Ne crains pas l'homme qui s'enrichit,
qui accroît le luxe de sa maison :
aux enfers il n'emporte rien ;
sa gloire ne descend pas avec lui. ℟

De son vivant, il s'est béni lui-même :
« On t'applaudit car tout va bien pour toi ! »
Mais il rejoint la lignée de ses ancêtres
qui ne verront jamais plus la lumière. ℟

Acclamation de l'Évangile

Alléluia. Alléluia. Accueillez la parole de Dieu pour ce qu'elle est réellement : non pas une parole d'hommes, mais la parole de Dieu. ***Alléluia.***

Évangile de Jésus Christ

selon saint Marc (9, 41-50)

« Mieux vaut pour toi entrer manchot dans la
que de t'en aller dans la géhenne avec tes

En ce temps-là, Jésus disait à ses disciples : « Celui qui vous donnera un verre d'eau au nom de votre appartenance au Christ, amen, je vous le dis, il ne restera pas sans récompense.

« Celui qui est un scandale, une occasion de chute, pour un seul de ces petits qui croient en moi, mieux vaudrait pour lui qu'on lui attache au cou une de ces meules que tournent les ânes, et qu'on le jette à la mer. Et si ta main est pour toi une occasion de chute, coupe-la. Mieux vaut pour toi entrer manchot dans la vie éternelle que de t'en aller dans la géhenne avec tes deux mains, là

où le feu ne s'éteint pas. S
est pour toi une occasion
coupe-le. Mieux vaut pour to
estropié dans la vie éternelle
t'en aller dans la géhenne av
deux pieds. Si ton œil est pou
une occasion de chute, arrache
Mieux vaut pour toi entrer borg
dans le royaume de Dieu que de t'e
aller dans la géhenne avec tes deux
yeux, là où le ver ne meurt pas et où le feu ne s'éteint pas. Chacun sera salé au feu. C'est une bonne chose que le sel ; mais s'il cesse d'être du sel, avec quoi allez-vous lui rendre de la saveur ? Ayez du sel en vous-mêmes, et vivez en paix entre vous. »

…ions, Seigneur, les dons présentés par ton … sacrements ce qu'ils proclament dans la … Seigneur. — ***Amen.***

…ceptes

…ermir

…mandements !

…n pasteur, dit le Seigneur,
…s mes brebis,
… brebis me connaissent.
(…0, 14)

Prière après la communion
Dans ta bonté, Seigneur, fais que ton aide soutienne toujours ceux que tu as nourris de tes sacrements, afin qu'ils puissent, dans ces mystères et par toute leur vie, recueillir les fruits de la rédemption. Par le Christ, notre Seigneur. — ***Amen.***

INVITATION

Je prie pour celles et ceux qui ont vécu, ou qui vont vivre, le sacrement des malades.

COMMENTAIRE

Au nom du Christ

Marc 9, 41-50

L'Église n'est pas une ONG rappelle le pape François. Sans sous-estimer le précieux travail effectué par ces organismes, il souligne la spécificité de l'engagement chrétien. Jésus évoque la récompense que recevra celui qui offre un simple verre d'eau « au nom de son appartenance au Christ ». Avec l'humilité de Jean le Baptiseur, chacun de nos gestes, chacune de nos paroles devrait désigner celui qui seul a le pouvoir de sauver. ■

***Bénédicte de la Croix**, cistercienne*

❊ CLÉ DE LECTURE

« Dans les derniers jours »

Jacques 5, 3 *(p. 163)*

Dénonçant les injustices et les crimes commis, la lettre de Jacques retrouve la vigueur des oracles prophétiques ! Une expression nous frappe : « dans les derniers jours ». S'agit-il de l'idée que le Christ élevé dans la gloire va revenir pour un jugement final ? Ou, plutôt que, déjà, la résurrection est en marche, et que, selon l'affirmation de Paul, « il n'y a plus de condamnation pour ceux qui vivent en Jésus Christ », avec la conviction que, désormais, la vie chrétienne est entrée dans la création nouvelle. Déjà sont venus les temps de la fin dans lesquels la victoire sur le Mal acquise par Jésus doit s'étendre et se généraliser. Comment les chrétiens pourraient-ils alors à nouveau « tuer le juste », renouvelant la mise à mort de Jésus ? ■

***Roselyne Dupont-Roc**, bibliste*

VENDREDI 24 MAI 2024

7E SEMAINE DU TEMPS ORDINAIRE COULEUR LITURGIQUE : VERT

Temps ordinaire, *suggestion d'oraisons et d'antiennes n° 26*

Antienne d'ouverture

Tout ce que tu nous as infligé, Seigneur, tu l'as fait par un jugement de vérité, car nous avons péché contre toi, nous n'avons pas obéi à tes commandements ; mais glorifie ton nom, et agis envers nous selon l'abondance de ta miséricorde. (cf. Dn 3, 31.29.30.43.42)

Prière

Seigneur Dieu, quand tu pardonnes et prends pitié, tu manifestes au plus haut point ta toute-puissance ; multiplie pour nous les dons de ta grâce : alors, en nous hâtant vers les biens que tu promets, nous aurons part au bonheur du ciel. Par Jésus… **—*Amen.***

Lecture

de la lettre de saint Jacques (5, 9-12)

« Voyez : le Juge est à notre porte »

Frères, ne gémissez pas les uns contre les autres, ainsi vous ne serez pas jugés. Voyez : le Juge est à notre porte. Frères, prenez pour modèles d'endurance et de patience les prophètes qui ont parlé au nom du Seigneur. Voyez : nous proclamons heureux ceux qui tiennent bon. Vous avez entendu dire comment Job a tenu bon, et vous avez vu ce qu'à la

fin le Seigneur a fait pour lui, car le Seigneur est tendre et miséricordieux. Et avant tout, mes frères, ne faites pas de serment : ne jurez ni par le ciel ni par la terre, ni d'aucune autre manière ; que votre « oui » soit un « oui », que votre « non » soit un « non » ; ainsi vous ne tomberez pas sous le jugement.
– Parole du Seigneur.

Psaume 102 (103)

℟ ***Le Seigneur est tendresse et pitié.***

Bénis le Seigneur, ô mon âme,
bénis son nom très saint, tout mon être !
Bénis le Seigneur, ô mon âme,
n'oublie aucun de ses bienfaits ! ℟

Car il pardonne toutes tes offenses
et te guérit de toute maladie ;
il réclame ta vie à la tombe
et te couronne d'amour et de tendresse. ℟

Le Seigneur est tendresse et pitié,
lent à la colère et plein d'amour ;
il n'est pas pour toujours en procès,
ne maintient pas sans fin ses reproches. ℟

Comme le ciel domine la terre,
fort est son amour pour qui le craint ;
aussi loin qu'est l'orient de l'occident,
il met loin de nous nos péchés. ℟

Acclamation de l'Évangile

Alléluia. Alléluia. Ta parole, Seigneur, est vérité ; dans cette vérité, sanctifie-nous. ***Alléluia.***

Évangile de Jésus Christ

selon saint Marc (10, 1-12)

« Ce que Dieu a uni, que personne ne le sépare ! »

En ce temps-là, Jésus arriva dans le territoire de la Judée, au-delà du Jourdain. De nouveau, des foules s'assemblèrent près de lui, et de nouveau, comme d'habitude, il les enseignait. Des pharisiens l'abordèrent et, pour le mettre à l'épreuve, ils lui demandaient : « Est-il permis à un mari de renvoyer sa femme ? » Jésus leur répondit : « Que vous a prescrit Moïse ? » Ils lui dirent : « Moïse a permis de renvoyer sa femme à condition d'établir un acte de répudiation. » Jésus répliqua : « C'est en raison de la dureté de vos cœurs qu'il a formulé pour vous cette règle. Mais, au commencement de la création, Dieu les fit homme et femme. À cause de cela, l'homme quittera son père et sa mère, il s'attachera à sa femme, et tous deux deviendront une seule chair. Ainsi, ils ne sont plus deux, mais une seule chair. Donc, ce que Dieu a uni, que l'homme ne le sépare pas ! » De retour à la maison, les disciples l'interrogeaient de nouveau sur cette question. Il leur déclara : « Celui qui renvoie sa femme et en épouse une autre devient adultère envers elle. Si une femme qui a renvoyé son mari en épouse un autre, elle devient adultère. »

Prière sur les offrandes

Dieu de miséricorde, nous t'en prions, accueille cette offrande que nous te présentons : qu'elle ouvre largement pour nous la source de toute bénédiction. Par le Christ, notre Seigneur. ***— Amen.***

Antienne de la communion

Rappelle-toi ta parole à ton serviteur,
Seigneur, celle dont tu fis mon espoir.
Elle est ma consolation
dans mon épreuve. (Ps 118, 49-50)

OU

Voici comment nous avons reconnu l'amour : lui, Jésus, a donné sa vie pour nous. Nous aussi, nous devons donner notre vie pour nos frères. (1 Jn 3, 16)

Prière après la communion

Que le sacrement du ciel, Seigneur, guérisse nos esprits et nos corps, afin qu'annonçant la mort du Christ et participant à ses souffrances, nous héritions avec lui de sa gloire. Lui qui… ***— Amen.***

INVITATION

Je connais sûrement des personnes blessées dans leur amour.
Je les confie au Seigneur et je me refuse à tout jugement qui condamne.

COMMENTAIRE

Tenir bon — Jacques 5, 9-12

« Nous proclamons heureux ceux qui tiennent bon. » Magnifique béatitude que celle énoncée par saint Jacques, prenant pour modèle Job, accablé d'épreuves. À la suite de cet homme juste, nous rencontrons trop souvent l'adversité et il nous arrive de douter de la bonté du Seigneur. Dans ces moments de désespérance, levons les yeux vers Jésus, les bras largement ouverts sur la Croix. Il est l'Agneau de Dieu qui porte et enlève le péché du monde. ■

***Bénédicte de la Croix**, cistercienne*

SAMEDI 25 MAI 2024

7e SEMAINE DU TEMPS ORDINAIRE COULEUR LITURGIQUE : VERT

Temps ordinaire, *suggestion d'oraisons et d'antiennes n° 27*
ou **bienheureuse Vierge Marie,** *voir p. 176,* *ou* **saint Bède le Vénérable,**
ou **saint Grégoire VII,** *ou* **sainte Marie-Madeleine de Pazzi**

Antienne d'ouverture

Seigneur, tout est soumis à ta volonté,
personne ne peut s'opposer à toi,
car c'est toi qui as fait le ciel et la terre
et toutes les merveilles qui sont sous le ciel.
Tu es le Seigneur de l'univers. (Est 4, 17)

Prière

Dieu éternel et tout-puissant, dans ta tendresse inépuisable, tu combles ceux qui t'implorent, bien au-delà de leurs mérites et de leurs désirs ; répands sur nous ta miséricorde en délivrant notre conscience de ce qui l'inquiète et en donnant plus que nous n'osons demander. Par Jésus… — ***Amen.***

Lecture

de la lettre de saint Jacques (5, 13-20)

« La supplication du juste agit avec beaucoup de force »

Bien-aimés, l'un de vous se porte mal ? Qu'il prie. Un autre va bien ? Qu'il chante le Seigneur. L'un de vous est malade ? Qu'il appelle les Anciens en fonction dans l'Église : ils prieront sur lui, après lui avoir fait une onction d'huile au nom du Seigneur. Cette prière inspirée par la

foi sauvera le malade : le Seigneur le relèvera et, s'il a commis des péchés, il recevra le pardon. Confessez donc vos péchés les uns aux autres, et priez les uns pour les autres afin d'être guéris. La supplication du juste agit avec beaucoup de force. Le prophète Élie n'était qu'un homme pareil à nous ; pourtant, lorsqu'il a prié avec insistance pour qu'il ne pleuve pas, il n'est pas tombé de pluie sur la terre pendant trois ans et demi ; puis il a prié de nouveau, et le ciel a donné la pluie, et la terre a fait germer son fruit. Mes frères, si l'un de vous s'égare loin de la vérité et qu'un autre l'y ramène, alors, sachez-le : celui qui ramène un pécheur du chemin où il s'égarait sauvera sa vie de la mort et couvrira une multitude de péchés.

– Parole du Seigneur.

Psaume 140 (141)

℟ ***Que ma prière devant toi s'élève comme un encens.***

Seigneur, je t'appelle : accours vers moi !
Écoute mon appel quand je crie vers toi !
Que ma prière devant toi
s'élève comme un encens,
et mes mains, comme l'offrande du soir. ℟

Mets une garde à mes lèvres, Seigneur,
veille au seuil de ma bouche.
Je regarde vers toi, Seigneur, mon Maître ;
tu es mon refuge : épargne ma vie ! ℟

Acclamation de l'Évangile

Alléluia. Alléluia. Tu es béni, Père, Seigneur du ciel et de la terre, tu as révélé aux tout-petits les mystères du Royaume ! ***Alléluia.***

Évangile de Jésus Christ

selon saint Marc (10, 13-16)

« Celui qui n'accueille pas le royaume de Dieu à la manière d'un enfant n'y entrera pas »

En ce temps-là, des gens présentaient à Jésus des enfants pour qu'il pose la main sur eux ; mais les disciples les écartèrent vivement. Voyant cela, Jésus se fâcha et leur dit : « Laissez les enfants venir à moi, ne les empêchez pas, car le royaume de Dieu est à ceux qui leur ressemblent. Amen, je vous le dis : celui qui n'accueille pas le royaume de Dieu à la manière d'un enfant n'y entrera pas. »
Il les embrassait et les bénissait en leur imposant les mains.

Prière sur les offrandes

Accueille, Seigneur, nous t'en prions, le sacrifice que tu as toi-même institué : dans les saints mystères que nous célébrons pour te servir comme il convient, sanctifie-nous pleinement par ton œuvre de rédemption. Par le Christ, notre Seigneur. ***— Amen.***

Antienne de la communion

Le Seigneur est bon
pour qui se tourne vers lui,
pour l'âme qui le cherche.
(Lm 3, 25)

OU

Il y a un seul pain, et la multitude
que nous sommes est un seul corps,
car nous avons tous part
à un seul pain et à une seule coupe.
(cf. 1 Co 10, 17)

Prière après la communion

Dieu tout-puissant, nous t'en prions : par la communion à ce sacrement, comble notre soif et notre faim de toi ; afin que nous puissions devenir ce que nous avons reçu. Par le Christ, notre Seigneur. — ***Amen.***

INVITATION

En cette veille de la solennité de la Sainte Trinité, je peux lire le texte d'Emmanuelle Billoteau page 265.

COMMENTAIRE

Il ne fait pas de manières Marc 10, 13-16

Jésus se laisse toucher par les enfants. N'imaginons pas des modèles de catalogue bien proprets mais plutôt des gosses des rues, dépenaillés, la morve au nez. Poussés par leurs parents, ils piaillent et se bousculent pour approcher le rabbi et recevoir sa bénédiction. Trop souvent, nous rêvons d'un Dieu aseptisé, mais le Fils du Très-Haut va au contact des petits, des pauvres, des prostituées et des pécheurs. Le portrait craché de son Père des cieux ! ■

Bénédicte de la Croix, *cistercienne*

Bienheureuse Vierge Marie

Couleur liturgique : blanc ou vert

Les samedis du temps ordinaire sans mémoire obligatoire, on peut faire mémoire de la Vierge Marie, selon une tradition qui honore la foi et l'espérance sans défaut de Marie le Samedi saint.

Antienne d'ouverture

Bienheureuse es-tu, Vierge Marie :
tu as porté le Créateur de l'univers,
tu as mis au monde celui qui t'a faite,
et tu demeures toujours vierge.

Prière

Dieu de miséricorde, viens au secours de notre faiblesse : puisque nous faisons mémoire de la sainte Mère de Dieu, fais que, soutenus par son intercession, nous soyons relevés de nos péchés. Par Jésus Christ… – ***Amen.***

OU

Que vienne à notre aide, Seigneur, nous t'en prions, l'admirable intercession de la bienheureuse Marie toujours vierge ; qu'elle nous obtienne la joie de vivre dans la paix que tu nous donnes, délivrés de tout péril. Par Jésus Christ… – ***Amen.***

Prière sur les offrandes

En rendant hommage à la Mère de ton Fils, Seigneur, nous te supplions : que le sacrifice offert en ce jour fasse de nous, par le don de ta grâce, une éternelle offrande à ta gloire. Par le Christ, notre Seigneur. – ***Amen.***

Préface de la Vierge Marie, p. 228.

Antienne de la communion

Le Puissant fit pour moi des
merveilles ; Saint est son nom. (Lc 1, 49)

Prière après la communion

Tu nous as fait participer à la rédemption éternelle, et nous te prions, Seigneur : alors que nous faisons mémoire de la Mère de ton Fils, comble-nous de la plénitude de ta grâce, et fais-nous éprouver toujours davantage les effets du salut. Par le Christ, notre Seigneur. – ***Amen.***

DIMANCHE 26 MAI 2024

LA SAINTE TRINITÉ

ANNÉE B – COULEUR LITURGIQUE : BLANC

« Allez ! De toutes les nations faites des disciples. » Matthieu 28, 19

« Baptisez-les au nom du Père, et du Fils, et du Saint-Esprit. » Dieu est Trinité, il est Père, Fils et Esprit Saint. Dieu n’est pas un bloc de marbre, il est amour. Un amour qui circule entre le Père, le Fils venu sur terre et leur Esprit de force et de consolation. Cet amour déborde et s’adresse à la Création entière. Aujourd’hui, laissons-nous aimer par la Trinité et rayonnons de son amour.

RITES INITIAUX

Chant d'entrée *(Suggestions p. 248)*

OU

Antienne d'ouverture

Béni soit Dieu le Père, et le Fils unique de Dieu,
ainsi que le Saint-Esprit,
car il nous a montré sa miséricorde.

Suggestion de préparation pénitentielle *(ou p. 218)*

Frères et sœurs, en ce jour où nous fêtons notre Dieu Un et Trinitaire, préparons-nous à célébrer le mystère de l'eucharistie, en reconnaissant que nous avons péché.

Prends pitié de nous, Seigneur, toi qui es fidèle en tout ce que tu fais, toi qui gardes de la mort ceux qui te craignent.

— Nous avons péché contre toi.

Toi qui as fait les cieux par ta parole, tu es pour nous un bouclier et notre espoir est en toi. Montre-nous, ta miséricorde.

— Et donne-nous ton salut.

Que Dieu tout-puissant nous fasse miséricorde ; qu'il nous pardonne nos péchés et nous conduise à la vie éternelle. ***— Amen.***

Ensuite, on dit ou on chante le Kyrie (p. 219).

Gloire à Dieu *(p. 221)*

Prière
Dieu notre Père, tu as envoyé dans le monde le Verbe de vérité et l'Esprit qui sanctifie pour révéler aux hommes ton admirable mystère ; donne-nous de professer la vraie foi en reconnaissant la gloire de l'éternelle Trinité, en adorant son Unité dans sa toute-puissance. Par Jésus… — ***Amen.***

LITURGIE DE LA PAROLE

Lecture du livre du Deutéronome (4, 32-34.39-40)

« C'est le Seigneur qui est Dieu, là-haut dans le ciel comme ici-bas sur la terre ; il n'y en a pas d'autre »

Moïse disait au peuple : « Interroge donc les temps anciens qui t'ont précédé, depuis le jour où Dieu créa l'homme sur la terre : d'un bout du monde à l'autre, est-il arrivé quelque chose d'aussi grand, a-t-on jamais connu rien de pareil ? Est-il un peuple qui ait entendu comme toi la voix de Dieu parlant du milieu du feu, et qui soit resté en vie ? Est-il un dieu qui ait entrepris de se choisir une nation, de venir la prendre au milieu d'une autre, à travers des épreuves, des signes, des prodiges et des combats, à main forte et à bras étendu, et par des exploits terrifiants – comme tu as vu le Seigneur ton Dieu le faire pour toi en Égypte ? Sache donc aujourd'hui, et médite cela en ton cœur : c'est le Seigneur qui est Dieu, là-haut dans le ciel comme ici-bas sur la terre ; il n'y en a pas

d'autre. Tu garderas les décrets et les commandements du Seigneur que je te donne aujourd'hui, afin d'avoir, toi et tes fils, bonheur et longue vie sur la terre que te donne le Seigneur ton Dieu, tous les jours. » – Parole du Seigneur.

Psaume 32 (33)

℟ ***Heureux le peuple dont le Seigneur est le Dieu.***

T. : AELF ; M. : J.-P. Hervy ; Éd. : ADF.

Oui, elle est droite, la parole du Seigneur ;
il est fidèle en tout ce qu'il fait.
Il aime le bon droit et la justice ;
la terre est remplie de son amour. ℟

Le Seigneur a fait les cieux par sa parole,
l'univers, par le souffle de sa bouche.
Il parla, et ce qu'il dit exista ;
il commanda, et ce qu'il dit survint. ℟

Retrouvez ce psaume sur le CD "Les psaumes de l'année B"

Dieu veille sur ceux qui le craignent,
qui mettent leur espoir en son amour,
pour les délivrer de la mort,
les garder en vie aux jours de famine. ℟

Nous attendons notre vie du Seigneur :
il est pour nous un appui, un bouclier.
Que ton amour, Seigneur, soit sur nous
comme notre espoir est en toi ! ℟

Lecture de la lettre de saint Paul apôtre aux Romains (8, 14-17)

« Vous avez reçu un Esprit qui fait de vous des fils ;
en lui nous crions "Abba !", Père ! »

Frères, tous ceux qui se laissent conduire par l'Esprit de Dieu, ceux-là sont fils de Dieu. Vous n'avez pas reçu un esprit qui fait de vous des esclaves et vous ramène à la peur ; mais vous avez reçu un Esprit qui fait de vous des fils ; et c'est en lui que nous crions « *Abba !* », c'est-à-dire : Père ! C'est donc l'Esprit Saint lui-même qui atteste à notre esprit que nous sommes enfants de Dieu. Puisque nous sommes ses enfants, nous sommes aussi ses héritiers : héritiers de Dieu, héritiers avec le Christ, si du moins nous souffrons avec lui pour être avec lui dans la gloire.
– Parole du Seigneur.

Acclamation de l'Évangile

Alléluia. Alléluia. Gloire au Père, et au Fils, et au Saint-Esprit : au Dieu qui est, qui était et qui vient ! ***Alléluia.***

T. : AELF; M. : P. Robert.

Évangile de Jésus Christ selon saint Matthieu (28, 16-20)

« Baptisez-les au nom du Père, et du Fils, et du Saint-Esprit »

En ce temps-là, les onze disciples s'en allèrent en Galilée, à la montagne où Jésus leur avait ordonné de se rendre. Quand ils le virent, ils se prosternèrent, mais certains eurent des doutes. Jésus s'approcha d'eux et leur adressa ces paroles : « Tout pouvoir m'a été donné au ciel et sur la terre. Allez ! De toutes les nations faites des

disciples : baptisez-les au nom du Père, et du Fils, et du Saint-Esprit, apprenez-leur à observer tout ce que je vous ai commandé. Et moi, je suis avec vous tous les jours jusqu'à la fin du monde. »

Homélie

Profession de foi *(p. 222)*

Suggestion de prière universelle

Le prêtre :

En ce jour de la Sainte Trinité, tournons-nous vers le Père de Jésus, le Dieu vivant. Prions-le pour tous les habitants de la terre.

℟ ***Par Jésus Christ ton serviteur, nous te prions, Seigneur.***

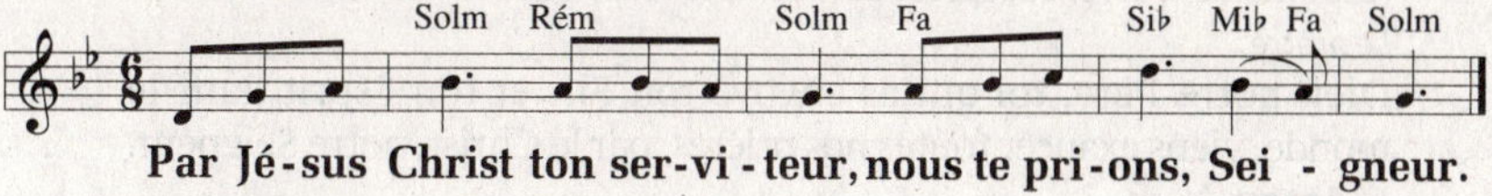

Bayard Liturgie ; M. : M. Wackenheim.

Le diacre ou un lecteur :

Béni sois-tu, notre Père, pour les religieux, les religieuses et les séminaristes qui font le don de leur vie tout entière. Qu'ils soient des témoins crédibles et joyeux de l'Évangile. Avec toute l'Église, nous te prions. ℟

℟ ***Par Jésus Christ ton serviteur, nous te prions, Seigneur.***

Béni sois-tu, notre Père, pour nos responsables politiques, appelés à prendre des décisions justes et équitables. Qu'ils ne cessent de penser au bien de tous les peuples. Avec espérance, nous te prions. ℟

Béni sois-tu, notre Père, pour celles et ceux qui prennent soin des laissés-pour-compte de la société. Qu'ils gardent courage et espérance devant l'ampleur de la tâche. Avec confiance, nous te prions. ℟

Béni sois-tu, notre Père, pour les enfants de notre communauté qui, en ces jours, communient pour la première fois. Que l'amour trinitaire fasse grandir en eux le don de la foi. D'un même cœur, nous te prions. ℟

(Ces intentions seront adaptées ou modifiées selon les circonstances.)

Le prêtre :

Dieu notre Père, toi qui as envoyé ton Fils et ton Esprit dans le monde, viens exaucer toutes nos prières, par le Christ, notre Seigneur.

— Amen.

LITURGIE EUCHARISTIQUE

Prière sur les offrandes

Nous t'en prions, Seigneur notre Dieu : par ton nom que nous invoquons, sanctifie ces présents offerts par ceux qui te servent, et fais de nous-mêmes, par ces dons, une éternelle offrande à ta gloire. Par le Christ, notre Seigneur. — ***Amen.***

Prière eucharistique

(Préface de la Trinité)

Vraiment, il est juste et bon, pour ta gloire et notre salut, de t'offrir notre action de grâce, toujours et en tout lieu, Seigneur, Père très saint, Dieu éternel et tout-puissant. Avec ton Fils unique et le Saint-Esprit, tu es un seul Dieu, tu es un seul Seigneur, non pas en une seule personne mais une seule substance en trois personnes. Ce que nous croyons de ta gloire, parce que tu l'as révélé, nous le croyons pareillement, et de ton Fils et du Saint-Esprit ; et quand nous proclamons notre foi au Dieu éternel et véritable, nous adorons en même temps chacune des personnes, dans leur unique nature et leur égale majesté. C'est ainsi que les anges et les archanges et les plus hautes puissances des cieux, ne cessent de chanter d'une même voix, en proclamant : ***Saint ! Saint ! Saint...***

Chant de communion *(Suggestions p. 248)*
OU
Antienne de la communion
Puisque vous êtes des fils,
Dieu a envoyé dans vos cœurs
l'Esprit de son Fils, qui crie *Abba*, c'est-à-dire : Père !
(cf. Ga 4, 6)

Prière après la communion
Seigneur notre Dieu, puissions-nous trouver le salut de l'âme et du corps dans notre communion à ce sacrement, en professant notre foi en la Trinité, éternelle et sainte, comme en son indivisible Unité. Par le Christ, notre Seigneur. — ***Amen.***

RITE DE CONCLUSION

Bénédiction

Envoi

COMMENTAIRE DU DIMANCHE

Vincent Leclercq, prêtre assomptionniste

La Trinité dans nos vies

La Trinité nous oblige à lever les yeux. Sans que nos pieds ne quittent la terre, portons notre regard vers l'horizon de nos vies. Un jour, un père du désert montre une fleur à ses disciples et demande à chacun de réagir. Le premier prononce un discours sur la fleur. Le deuxième lui dédie un poème. Le troisième définit sa nature et son espèce. Le dernier se contenta de l'admirer en gardant le silence. La Trinité ne s'arrête pas à ce que l'on peut dire ou penser d'elle. Elle nous offre de recevoir le Père et ses commandements comme un guide, de marcher avec le Fils qui nous accompagne comme un frère et d'être les témoins de son amour dans la force que donne l'Esprit Saint.

La Trinité nous révèle qui est Dieu. Mais elle façonne aussi notre vie chrétienne. Depuis que le Fils a rejoint le Père, l'absence •••

••• ou le manque sont parfois notre manière d'expérimenter sa présence. Pourtant, notre Dieu n'est pas un Dieu distant. « C'est le Seigneur qui est Dieu, là-haut dans le ciel comme ici-bas sur la terre ; il n'y en a pas d'autre » (Dt 4, 39). Il se donne à nous par sa parole, dans les sacrements, les rencontres ou les événements de nos journées. Notre place est dans le cœur de Dieu et nous pouvons y chercher le sens de notre existence à chaque instant. Nous sommes le cadeau que le Père a confié au Fils et ce que le Fils offre de plus précieux au Père. La Trinité nous permet de nous émerveiller de Dieu.

Dieu est pour moi Père, Fils et Esprit. Est-ce que je m'émerveille de tant d'amour ?
Son projet s'étend à toute la famille humaine :
comment pourrais-je présenter les lectures de ce jour
à quelqu'un qui se sentirait loin du Seigneur ? ■

Prions en Église
Junior

LIRE L'ÉVANGILE AVEC LES ENFANTS

CE QUE JE DÉCOUVRE

Jésus est ressuscité ! Pour certains, c'est évident, alors ils se prosternent devant lui. Pour d'autres, **cette nouvelle présence est tellement étonnante** qu'ils ont des doutes... Dieu le Père a ressuscité son Fils Jésus pour qu'il vive éternellement. Et l'Esprit de vie est offert à ceux qui le demandent. Cette vie éternelle est donnée par le baptême, **« au nom du Père, et du Fils, et du Saint-Esprit ».** Faisons confiance ! Recevoir le baptême, c'est choisir de vivre en Dieu, pour toujours.

CE QUE JE VIS

T'arrive-t-il de douter de la présence de Jésus ?
À quels moments ? Pourquoi ?
Qu'est-ce qui t'aide à croire en Dieu ? Et qui t'aide à y croire ?
Fais silence. Puis trace sur toi un signe de croix.
Et dis : « Au nom du Père, et du Fils, et du Saint-Esprit. Amen ! »

Texte : Pierre-Marie Leroy. Illustrations : Marcelino Truong

MÉDITATION BIBLIQUE

LA SAINTE TRINITÉ

Livre du Deutéronome 4, 32-34.39-40

Le don de Dieu

Le Deutéronome nous indique un chemin de foi actif : il interroge l'histoire du peuple de Dieu pour vivre pleinement le présent et l'avenir. Il nous apprend l'art du questionnement.

Le temps de la préparation

« Nous attendons notre vie du Seigneur : il est pour nous un appui, un bouclier. » (Ps 32, 20)

Le temps de l'observation

Les paroles mises sur les lèvres de Moïse à la veille de l'entrée en Terre promise visent à éveiller Israël à la présence de Dieu, à sa souveraineté, à sa fidélité. Pour cela, elles invitent à une relecture de vie, à un rappel des hauts faits de Dieu dans la relation unique qu'il a tissée avec son peuple et, plus loin encore, tournent les regards vers la Création. Le rôle de la mémoire, son éducation pour qu'elle fasse le tri dans le passé – non pour occulter les moments de souffrance mais pour discerner la conduite de Dieu, sa présence – est ici manifeste.

Cette relecture, nourrissant la foi au Dieu unique dans un contexte idolâtre, prépare le peuple à l'accueil reconnaissant des « décrets et commandements » – autant dire la Loi qui apprend à vivre avec Dieu, avec soi-même et avec les autres. L'enjeu n'est-il pas le bonheur sur la terre que donne le Seigneur, la terre d'Israël certes, mais plus encore la terre du cœur ?

Le temps de la méditation

Si la liturgie nous donne à méditer ce texte en la solennité de la Sainte Trinité, c'est pour que nous ne perdions pas de vue la continuité entre l'Ancien et le Nouveau Testaments. C'est aussi pour nous amener à réaliser que Jésus nous révèle plus pleinement le mystère de ce Dieu qu'il appelle Père et à qui il demande de nous envoyer l'Esprit (cf. Jn 14, 16). Une merveille à « méditer dans notre cœur », non seulement à partir de l'Écriture mais également de notre vécu. N'est-ce pas par la relecture de nos propres vies que nous découvrirons la présence de Dieu Père, Fils et Saint Esprit ? « Si le Père nous a créés, le Fils nous a recréés, et "c'est l'Esprit qui fait vivre". Car, dans la Création initiale, la Trinité s'inscrivait en filigrane. Le Père était le modeleur, le Fils était sa main, l'Esprit Défenseur insufflait la vie » (Nicolas Cabasilas, *La vie en Christ*, fin du XIVe siècle).

Le temps de la prière

« Béni soit Dieu le Père,
et le Fils unique de Dieu,
ainsi que le Saint-Esprit, car
il nous a montré sa miséricorde. »
(Antienne d'ouverture) ■

Emmanuelle Billoteau, ermite

DES IMAGES POUR LA FOI

LA SAINTE TRINITÉ

« Je suis avec vous »

Pour faire entrer ses Apôtres dans le mystère de la Résurrection et faire d'eux des missionnaires, Jésus leur donne rendez-vous sur la montagne.

Ils ne sont plus que onze Apôtres, encore bouleversés par les événements qui se sont déroulés lors de la Pâque à Jérusalem. Le peintre a saisi leur humanité : serrés les uns contre les autres, le regard incrédule, ils se tournent vers leur maître sans oser imaginer l'avenir. Jésus ressuscité – les rehauts d'or sur sa tunique rouge et son manteau pourpre évoquent la lumière de la Résurrection – leur a donné rendez-vous en Galilée sur une montagne (cf. Mt 28, 16), seul élément du paysage que Duccio a souligné. Comme pour Moïse au Sinaï, comme pour Pierre, Jacques et Jean à la Transfiguration, c'est à un sommet que Dieu conduit ses fidèles pour les aider à entrer dans son mystère. Car les Apôtres ont besoin de parcourir un long chemin intérieur pour accueillir la nouveauté et la lumière de la Résurrection. Jésus les accompagne, il leur promet l'aide de l'Esprit Saint (cf. Jn 14, 26), il fait d'eux des missionnaires et les assure de sa présence : « De toutes les nations faites des disciples […]. Et moi, je suis avec vous tous les jours jusqu'à la fin du monde » (Mt 28, 19-20). ■

Dominique Pierre,
rédacteur en chef délégué

© akg-images / MPortfolio / Electa

Apparition du Christ sur la montagne de Galilée,
Duccio di Buoninsegna (env. 1310). Envers de *La Maestà* de la cathédrale de Sienne, musée de l'Œuvre de la cathédrale, Sienne, Italie.

LUNDI 27 MAI 2024

8E SEMAINE DU TEMPS ORDINAIRE COULEUR LITURGIQUE : VERT

Temps ordinaire, *suggestion d'oraisons et d'antiennes n° 28*
ou **saint Augustin de Cantorbéry**

Antienne d'ouverture
Si tu retiens les fautes, Seigneur,
Seigneur, qui subsistera ?
Mais près de toi se trouve le pardon, Dieu d'Israël.
(cf. Ps 129, 3-4)

Prière
Nous t'en prions, Seigneur, que ta grâce nous devance et qu'elle nous accompagne toujours, pour nous rendre attentifs à faire le bien sans relâche. Par Jésus… ***— Amen.***

Lecture

de la première lettre de saint Pierre apôtre (1, 3-9)

« Le Christ, vous l'aimez sans l'avoir vu ;
en lui, vous mettez votre foi, vous exultez d'une joie inexprimable »

Béni soit Dieu, le Père de notre Seigneur Jésus Christ : dans sa grande miséricorde, il nous a fait renaître pour une vivante espérance grâce à la résurrection de Jésus Christ d'entre les morts, pour un héritage qui ne connaîtra ni corruption, ni souillure, ni flétrissure. Cet héritage vous est réservé dans les cieux, à vous que la puissance de Dieu garde par

la foi, pour un salut prêt à se révéler dans les derniers temps. Aussi vous exultez de joie, même s'il faut que vous soyez affligés, pour un peu de temps encore, par toutes sortes d'épreuves ; elles vérifieront la valeur de votre foi qui a bien plus de prix que l'or – cet or voué à disparaître et pourtant vérifié par le feu –, afin que votre foi reçoive louange, gloire et honneur quand se révélera Jésus Christ. Lui, vous l'aimez sans l'avoir vu ; en lui, sans le voir encore, vous mettez votre foi, vous exultez d'une joie inexprimable et remplie de gloire, car vous allez obtenir le salut des âmes qui est l'aboutissement de votre foi. – Parole du Seigneur.

Psaume 110 (111)

℟ ***Le Seigneur garde toujours mémoire de son alliance.***
OU ***Alléluia !***

De tout cœur je rendrai grâce au Seigneur
dans l'assemblée, parmi les justes.
Grandes sont les œuvres du Seigneur ;
tous ceux qui les aiment s'en instruisent. ℟

Il a donné des vivres à ses fidèles,
gardant toujours mémoire de son alliance.
Il a montré sa force à son peuple,
lui donnant le domaine des nations. ℟

Il apporte la délivrance à son peuple ;
son alliance est promulguée pour toujours :
saint et redoutable est son nom.
À jamais se maintiendra sa louange. ℟

Acclamation de l'Évangile

Alléluia. Alléluia. Jésus Christ s'est fait pauvre, lui qui était riche, pour que vous deveniez riches par sa pauvreté. ***Alléluia.***

Évangile de Jésus Christ

selon saint Marc (10, 17-27)

« Va, vends ce que tu as. Puis viens, suis-moi »

En ce temps-là, Jésus se mettait en route quand un homme accourut et, tombant à ses genoux, lui demanda : « Bon Maître, que dois-je faire pour avoir la vie éternelle en héritage ? » Jésus lui dit : « Pourquoi dire que je suis bon ? Personne n'est bon, sinon Dieu seul. Tu connais les commandements : ***Ne commets pas de meurtre, ne commets pas d'adultère, ne commets pas de vol, ne porte pas de faux témoignage, ne fais de tort à personne, honore ton père et ta mère.*** **» L'homme répondit : « Maître, tout cela, je l'ai observé depuis ma jeunesse. » Jésus posa son regard sur lui, et il l'aima. Il lui dit : « Une seule chose te manque : va, vends ce que tu as et donne-le aux pauvres ; alors tu auras un trésor au ciel. Puis viens, suis-moi. » Mais lui, à ces mots, devint sombre et s'en alla tout triste, car il avait de grands biens.**

Alors Jésus regarda autour de lui et dit à ses disciples : « Comme il sera difficile à ceux qui possèdent des richesses d'entrer dans le royaume de Dieu ! » Les disciples étaient stupéfaits de ces paroles. Jésus reprenant la parole leur dit : « Mes enfants, comme il est difficile d'entrer dans le royaume de Dieu ! Il est plus facile à un chameau de passer par le trou

d'une aiguille* qu'à un riche d'entrer dans le royaume de Dieu. » De plus en plus déconcertés, les disciples se demandaient entre eux : « Mais alors, qui peut être sauvé ? » Jésus les regarde et dit : « Pour les hommes, c'est impossible, mais pas pour Dieu ; car tout est possible à Dieu. »

Prière sur les offrandes

Avec l'offrande de ce sacrifice, accueille, Seigneur, les prières de tes fidèles ; que cette liturgie célébrée avec ferveur nous fasse parvenir à la gloire du ciel. Par le Christ, notre Seigneur. — ***Amen.***

Antienne de la communion

Des riches ont tout perdu,
ils ont faim ; qui cherche le Seigneur
ne manquera d'aucun bien. (Ps 33, 11)
OU
Quand le Seigneur sera manifesté,
nous lui serons semblables
car nous le verrons tel qu'il est.
(cf. 1 Jn 3, 2)

Prière après la communion

Seigneur, Dieu de majesté, nous t'en supplions humblement : puisque tu nous as nourris du corps et du sang très saints, rends-nous participants de la nature divine. Par le Christ, notre Seigneur. — ***Amen.***

INVITATION

Avec toute l'Église, je prie pour la formation des religieuses, des religieux et des séminaristes *(voir p. 6)*. Qu'ils puissent être des témoins crédibles de l'Évangile.

COMMENTAIRE

Dans le regard du Fils

Marc 10, 17-27

L'homme accourt et tombe à genoux devant Jésus : le temps est suspendu à la question qu'il porte. Quelle est la nôtre ? Déposons-la au pied du « Bon Maître » pour ne pas en faire un fardeau avec lequel repartir tout triste. Jésus pose son regard sur ceux qui le cherchent, il nous aime, le voyons-nous ? Nos richesses sont éphémères, la vie éternelle paraît lointaine mais le royaume de Dieu est déjà-là dans le regard du Fils de Dieu qui redonne joie. ■

Nicolas Tarralle, prêtre assomptionniste

CLÉ DE LECTURE

« Le trou d'une aiguille »

Marc 10, 25 *(p. 197)*

Les efforts pour atténuer la rigueur extrême de Jésus vis-à-vis des riches sont impressionnants ! Déjà, au Ve siècle, Cyrille d'Alexandrie lit « une corde » au lieu d'un « chameau », la prononciation grecque des deux mots étant identique. Au IXe siècle, paraît l'idée qu'il s'agit d'une porte basse dans le rempart de Jérusalem où passaient les pèlerins, mais rien ne l'atteste. Aujourd'hui, on invoque l'exagération orientale, dont témoignent aussi certaines expressions talmudiques. Ne faut-il pas plutôt s'interroger sur notre difficulté constante à entendre une parole qui met en cause notre attachement irrépressible à nos richesses ? La crise écologique même n'y peut rien. Et pourtant, Jésus le sait, seul Dieu peut l'impossible : changer nos cœurs ! ■

Roselyne Dupont-Roc, bibliste

Temps ordinaire, *suggestion d'oraisons et d'antiennes n° 29*

Antienne d'ouverture

Je t'appelle, toi, le Dieu qui répond : écoute-moi, entends ce que je dis. Garde-moi comme la prunelle de l'œil ; à l'ombre de tes ailes, cache-moi.
(Ps 16, 6.8)

Prière

Dieu éternel et tout-puissant, fais-nous toujours agir pour toi d'une volonté ardente, et servir ta gloire d'un cœur sans partage. Par Jésus… ***— Amen.***

Lecture

de la première lettre de saint Pierre apôtre (1, 10-16)

« Ils ont prophétisé pour annoncer la grâce qui vous est destinée. C'est pourquoi mettez toute votre espérance en elle »

Bien-aimés, sur le salut, les prophètes ont fait porter leurs interrogations et leurs recherches, eux qui ont prophétisé pour annoncer la grâce qui vous est destinée. Ils cherchaient quel temps et quelles circonstances voulait indiquer l'Esprit du Christ, présent en eux, quand il attestait par avance les souffrances du Christ et la gloire qui s'ensuivrait. Il leur fut révélé que ce n'était pas pour eux-mêmes, mais pour vous, qu'ils étaient au service de ce message, annoncé maintenant par

ceux qui vous ont évangélisés dans l'Esprit Saint envoyé du ciel; même des anges désirent se pencher pour scruter ce message. C'est pourquoi, après avoir disposé votre intelligence pour le service, restez sobres, mettez toute votre espérance dans la grâce que vous apporte la révélation de Jésus Christ. Comme des enfants qui obéissent, cessez de vous conformer aux convoitises d'autrefois, quand vous étiez dans l'ignorance, mais, à l'exemple du Dieu saint qui vous a appelés, devenez saints, vous aussi, dans toute votre conduite, puisqu'il est écrit : *Vous serez saints, car moi, je suis saint.*

– Parole du Seigneur.

Psaume 97 (98)

℟ ***Le Seigneur a fait connaître son salut.***

Chantez au Seigneur un chant nouveau,
car il a fait des merveilles ;
par son bras très saint, par sa main puissante,
il s'est assuré la victoire. ℟

Le Seigneur a fait connaître sa victoire
et révélé sa justice aux nations ;
il s'est rappelé sa fidélité, son amour,
en faveur de la maison d'Israël. ℟

La terre tout entière a vu
la victoire de notre Dieu.
Acclamez le Seigneur, terre entière,
sonnez, chantez, jouez ! ℟

Acclamation de l'Évangile

Alléluia. Alléluia. Tu es béni, Père, Seigneur du ciel et de la terre, tu as révélé aux tout-petits les mystères du Royaume ! ***Alléluia.***

Évangile de Jésus Christ

selon saint Marc (10, 28-31)

« Vous recevrez, en ce temps déjà, le centuple, avec des persécutions, et, dans le monde à venir, la vie éternelle »

En ce temps-là, Pierre se mit à dire à Jésus : « Voici que nous avons tout quitté pour te suivre. » Jésus déclara : « Amen, je vous le dis : nul n'aura quitté, à cause de moi et de l'Évangile, une maison, des frères, des sœurs, une mère, un père, des enfants ou une terre sans qu'il reçoive, en ce temps déjà, le centuple : maisons, frères, sœurs, mères, enfants et terres, avec des persécutions, et, dans le monde à venir, la vie éternelle. Beaucoup de premiers seront derniers, et les derniers seront les premiers. »

Prière sur les offrandes

Accorde-nous, Seigneur, nous t'en prions, de te servir d'un cœur libre en te présentant ces dons ; puissions-nous, par un effet de ta grâce, être purifiés par ces mystères que nous célébrons. Par le Christ, notre Seigneur. — ***Amen.***

Antienne de la communion

Le Seigneur veille sur ceux
qui le craignent, qui mettent
leur espoir en sa miséricorde,
pour délivrer leur âme de la mort,
les nourrir aux jours de famine.
(cf. Ps 32, 18-19)

OU

Le Fils de l'homme est venu
pour donner sa vie en rançon
pour la multitude.
(cf. Mc 10, 45)

Prière après la communion

Accorde-nous, Seigneur, nous t'en prions, de progresser en participant aux réalités du ciel ; ainsi, nous serons soutenus par tes bienfaits en ce temps et façonnés par ceux de l'éternité. Par le Christ, notre Seigneur. — ***Amen.***

INVITATION

Quel geste concret de sobriété puis-je décider aujourd'hui ?
Cela sera mon offrande au Seigneur.

COMMENTAIRE

Sens dessus-dessous

Marc 10, 28-31

La liste de ce qui est promis à ceux qui suivent Jésus est déroutante. Entre les biens matériels, relationnels et spirituels attendus se glissent des persécutions que personne ne désire. Elles signent le renversement des Béatitudes : les derniers seront les premiers. L'inversion du temps et des honneurs est la récompense de l'Évangile. Voulons-nous y entrer ? Déjà, maintenant, le centuple est accordé à ceux pour qui Jésus est tout. ■

Nicolas Tarralle*, prêtre assomptionniste*

MERCREDI 29 MAI 2024

8E SEMAINE DU TEMPS ORDINAIRE COULEUR LITURGIQUE : VERT

Temps ordinaire, *suggestion d'oraisons et d'antiennes n° 30*
ou **saint Paul VI**

Antienne d'ouverture

Joie pour les cœurs qui cherchent Dieu.
Cherchez le Seigneur, et vous serez affermis,
recherchez sans trêve sa face.
(cf. Ps 104, 3-4)

Prière

Dieu éternel et tout-puissant, augmente en nous la foi, l'espérance et la charité ; et pour que nous puissions obtenir ce que tu promets, fais-nous aimer ce que tu commandes. Par Jésus… ***— Amen.***

Lecture

de la première lettre de saint Pierre apôtre (1, 18-25)

« Vous avez été rachetés par un sang précieux, celui d'un agneau sans tache, le Christ »

Bien-aimés, vous le savez : ce n'est pas par des biens corruptibles, l'argent ou l'or, que vous avez été rachetés de la conduite superficielle héritée de vos pères ; mais c'est par un sang précieux, celui d'un agneau sans défaut et sans tache, le Christ. Dès avant la fondation du monde, Dieu l'avait désigné d'avance et il l'a manifesté à la fin des temps à cause de vous. C'est bien par lui que vous croyez en Dieu, qui l'a ressuscité

d'entre les morts et qui lui a donné la gloire ; ainsi vous mettez votre foi et votre espérance en Dieu. En obéissant à la vérité, vous avez purifié vos âmes pour vous aimer sincèrement comme des frères ; aussi, d'un cœur pur, aimez-vous intensément les uns les autres, car Dieu vous a fait renaître, non pas d'une semence périssable, mais d'une semence impérissable : sa parole vivante qui demeure. C'est pourquoi il est écrit : *Toute chair est comme l'herbe, toute sa gloire, comme l'herbe en fleur ; l'herbe se dessèche et la fleur tombe, mais la parole du Seigneur demeure pour toujours.* Or, cette parole est celle de la Bonne Nouvelle qui vous a été annoncée.

– Parole du Seigneur.

Psaume 147 (147B)

℟ ***Glorifie le Seigneur, Jérusalem !***
OU ***Alléluia !***

Glorifie le Seigneur, Jérusalem !
Célèbre ton Dieu, ô Sion !
Il a consolidé les barres de tes portes,
dans tes murs il a béni tes enfants. ℟

Il fait régner la paix à tes frontières,
et d'un pain de froment te rassasie.
Il envoie sa parole sur la terre :
rapide, son verbe la parcourt. ℟

Il révèle sa parole à Jacob,
ses volontés et ses lois à Israël.
Pas un peuple qu'il ait ainsi traité ;
nul autre n'a connu ses volontés. ℟

Acclamation de l'Évangile

Alléluia. Alléluia. Le Fils de l'homme est venu pour servir, et donner sa vie en rançon pour la multitude. ***Alléluia.***

Évangile de Jésus Christ

selon saint Marc (10, 32-45)

« Voici que nous montons à Jérusalem. Le Fils de l'homme sera livré »

En ce temps-là, les disciples étaient en route pour monter à Jérusalem ; Jésus marchait devant eux ; ils étaient saisis de frayeur, et ceux qui suivaient étaient aussi dans la crainte.

Prenant de nouveau les Douze auprès de lui, il se mit à leur dire ce qui allait lui arriver : « Voici que nous montons à Jérusalem. Le Fils de l'homme sera livré aux grands prêtres et aux scribes ; ils le condamneront à mort, ils le livreront aux nations païennes, qui se moqueront de lui, cracheront sur lui, le flagelleront et le tueront, et trois jours après, il ressuscitera. »

Alors, Jacques et Jean, les fils de Zébédée, s'approchent de Jésus et lui disent : « Maître, ce que nous allons te demander, nous voudrions que tu le fasses pour nous. » Il leur dit : « Que voulez-vous que je fasse pour vous ? » Ils lui répondirent : « Donne-nous de siéger, l'un à ta droite et l'autre à ta gauche, dans ta gloire. » Jésus leur dit : « Vous ne savez pas ce que vous demandez. Pouvez-vous boire la coupe que je vais boire, être baptisés du baptême dans lequel je vais être plongé ? » Ils lui dirent : « Nous le pouvons. » Jésus leur dit : « La coupe que je vais boire, vous la boirez ; et vous serez baptisés

du baptême dans lequel je vais être plongé. Quant à siéger à ma droite ou à ma gauche, ce n'est pas à moi de l'accorder ; il y a ceux pour qui cela est préparé. »
Les dix autres, qui avaient entendu, se mirent à s'indigner contre Jacques et Jean. Jésus les appela et leur dit : « Vous le savez : ceux que l'on regarde comme chefs des nations les commandent en maîtres ; les grands leur font sentir leur pouvoir. Parmi vous, il ne doit pas en être ainsi. Celui qui veut devenir grand parmi vous sera votre serviteur. Celui qui veut être parmi vous le premier sera l'esclave de tous : car le Fils de l'homme n'est pas venu pour être servi, mais pour servir, et donner sa vie en rançon pour la multitude. »

Prière sur les offrandes

Regarde les présents que nous t'offrons, nous t'en prions, Seigneur, Dieu de majesté : permets que notre célébration soit d'abord tournée vers ta gloire. Par le Christ, notre Seigneur. — ***Amen.***

Antienne de la communion

Le Christ nous a aimés
et s'est livré lui-même pour nous,
s'offrant en sacrifice à Dieu,
comme un parfum d'agréable odeur.
(Ep 5, 2)

OU

Nous trouverons la joie en ton salut,
et la grandeur
dans le nom de notre Dieu.
(cf. Ps 19, 6)

Prière après la communion
Que tes sacrements, Seigneur, nous t'en prions, achèvent de produire en nous ce qu'ils contiennent ; puissions-nous saisir dans sa pleine vérité ce que notre célébration préfigure aujourd'hui. Par le Christ, notre Seigneur. **– *Amen.***

INVITATION

En regardant une croix, je redis ma foi en la Résurrection.

COMMENTAIRE

Solidarité radicale Marc 10, 32-45

Impossible de suivre Jésus sans assumer avec lui le sort que lui réserve Jérusalem. La foule et les disciples qui l'accompagnent pressentent le drame. Les Apôtres, confiants en la puissance de leur Maître, semblent moins lucides. Tout dévoués à le servir, ils n'ont pas encore saisi la radicalité de leur solidarité. Jésus éclaire leur dispute déplacée en ouvrant le chemin d'une vie donnée pour la multitude. Nos vies en sont illuminées. ■

Nicolas Tarralle, *prêtre assomptionniste*

JEUDI 30 MAI 2024

8E SEMAINE DU TEMPS ORDINAIRE COULEUR LITURGIQUE : VERT

Temps ordinaire, *suggestion d'oraisons et d'antiennes n° 31*
ou **sainte Jeanne d'Arc**

Antienne d'ouverture
Ne m'abandonne jamais, Seigneur, mon Dieu, ne sois pas loin de moi. Viens vite à mon aide, Seigneur, force de mon salut ! (cf. Ps 37, 22-23)

Prière
Dieu de puissance et de miséricorde, c'est ta grâce qui donne à tes fidèles de pouvoir dignement te servir ; nous t'en prions : accorde-nous de courir sans que rien nous arrête vers les biens que tu promets. Par Jésus… — ***Amen.***

Lecture

de la première lettre de saint Pierre apôtre (2, 2-5.9-12)

« Vous êtes un sacerdoce royal, une nation sainte, pour que vous annonciez les merveilles de celui qui vous a appelés »

Bien-aimés, comme des enfants nouveau-nés, soyez avides du lait non dénaturé de la Parole qui vous fera grandir pour arriver au salut, puisque vous avez goûté combien le Seigneur est bon. Approchez-vous de lui : il est la pierre vivante rejetée par les hommes, mais choisie et précieuse devant Dieu. Vous aussi, comme pierres vivantes*, entrez dans la construction de la demeure spirituelle, pour devenir le sacerdoce saint et présenter des sacrifices spirituels, agréables à Dieu, par Jésus

Christ. Vous êtes une descendance choisie, un sacerdoce royal, une nation sainte, un peuple destiné au salut, pour que vous annonciez les merveilles de celui qui vous a appelés des ténèbres à son admirable lumière. Autrefois vous n'étiez pas un peuple, mais maintenant vous êtes le peuple de Dieu ; vous n'aviez pas obtenu miséricorde, mais maintenant vous avez obtenu miséricorde. Bien-aimés, puisque vous êtes comme des étrangers résidents ou de passage*, je vous exhorte à vous abstenir des convoitises nées de la chair, qui combattent contre l'âme. Ayez une belle conduite parmi les gens des nations ; ainsi, sur le point même où ils disent du mal de vous en vous traitant de malfaiteurs, ils ouvriront les yeux devant vos belles actions et rendront gloire à Dieu, le jour de sa visite.

– Parole du Seigneur.

Psaume 99 (100)

℟ *Allez vers le Seigneur parmi les chants d'allégresse.*

Acclamez le Seigneur, terre entière,
servez le Seigneur dans l'allégresse,
venez à lui avec des chants de joie ! ℟

Reconnaissez que le Seigneur est Dieu :
il nous a faits, et nous sommes à lui,
nous, son peuple, son troupeau. ℟

Venez dans sa maison lui rendre grâce,
dans sa demeure chanter ses louanges ;
rendez-lui grâce et bénissez son nom ! ℟

Oui, le Seigneur est bon,
éternel est son amour,
sa fidélité demeure d'âge en âge. ℟

Acclamation de l'Évangile

Alléluia. Alléluia. Moi, je suis la lumière du monde, dit le Seigneur. Celui qui me suit aura la lumière de la vie. ***Alléluia.***

Évangile de Jésus Christ

selon saint Marc (10, 46b-52)

« Rabbouni, que je retrouve la vue ! »

En ce temps-là, tandis que Jésus sortait de Jéricho avec ses disciples et une foule nombreuse, le fils de Timée, Bartimée, un aveugle qui mendiait, était assis au bord du chemin. Quand il entendit que c'était Jésus de Nazareth, il se mit à crier : « Fils de David, Jésus, prends pitié de moi ! » Beaucoup de gens le rabrouaient pour le faire taire, mais il criait de plus belle : « Fils de David, prends pitié de moi ! »

Jésus s'arrête et dit : « Appelez-le. » On appelle donc l'aveugle, et on lui dit : « Confiance, lève-toi ; il t'appelle. » L'aveugle jeta son manteau, bondit et courut vers Jésus. Prenant la parole, Jésus lui dit : « Que veux-tu que je fasse pour toi ? » L'aveugle lui dit : « *Rabbouni*, que je retrouve la vue ! » Et Jésus lui dit : « Va, ta foi t'a sauvé. »

Aussitôt l'homme retrouva la vue, et il suivait Jésus sur le chemin.

Prière sur les offrandes

Seigneur, que ce sacrifice devienne pour toi une offrande pure, et pour nous, le don généreux et saint de ta miséricorde. Par le Christ, notre Seigneur. — ***Amen.***

Antienne de la communion
Tu m'apprends, Seigneur,
le chemin de la vie :
devant ta face, débordement de joie !
(Ps 15, 11)
OU
De même que le Père, qui est vivant,
m'a envoyé, et que moi je vis
par le Père, de même celui
qui me mange, lui aussi vivra
par moi, dit le Seigneur.
(Jn 6, 57)

Prière après la communion
Nous t'en prions, Seigneur, augmente en nous la force de ton action, afin que, renouvelés par les sacrements du ciel, nous soyons préparés par ta grâce à recevoir les biens qu'ils promettent. Par le Christ, notre Seigneur. — ***Amen.***

INVITATION
Aujourd'hui, nous fêtons sainte Jeanne d'Arc, patronne secondaire de la France. Je prie pour les Françaises et les Français.

COMMENTAIRE

Une farouche détermination

Marc 10, 46b-52

En apprenant que Jésus sort de Jéricho, Bartimée crie vers lui et obtient malgré la foule une rencontre qui l'arrache à sa place de mendiant. Appelé par le Fils de David, il bondit et court vers ce dernier qui l'interroge. L'aveugle répond avec force qu'il veut retrouver la vue. Avons-nous la même soif d'entendre Jésus nous demander : « Que veux-tu que je fasse pour toi ? » ? Commençons alors par repérer son passage au cœur de notre aveuglement. ■

***Nicolas Tarralle,** prêtre assomptionniste*

✲ CLÉ DE LECTURE

« Pierres vivantes » ; « étrangers de passage »

1 Pierre 2, 5.11 *(p. 208-209)*

La première lettre de Pierre soutient l'espérance des petites communautés du nord de la Turquie (Bythinie, Cappadoce...), des pauvres gens souvent, des esclaves, tracassés, voire persécutés, par les notables du lieu. Les images magnifiques se combinent : à partir de celle du Christ, « pierre d'angle rejetée par les bâtisseurs » (Is 28, 16 et Ps 117 [118], 22) devenue « pierre vivante », l'auteur fait des chrétiens à leur tour les « pierres vivantes » que le Christ bâtisseur fait grandir vers lui pour construire un peuple nouveau. Mais ce peuple est aussi un peuple « de passage », un peuple d'immigrés à qui rien n'appartient, un peuple qui ne met la main sur aucune terre, aucune institution, aucun salut, mais qui marche à la suite du Christ serviteur. ■

***Roselyne Dupont-Roc,** bibliste*

VENDREDI 31 MAI 2024

COULEUR LITURGIQUE : BLANC

La Visitation de la bienheureuse Vierge Marie

Une charité attentive, la joie d'un cœur ouvert au projet divin... La rencontre de Marie et Élisabeth fait déjà percevoir des signes du salut apporté par le Christ.

Antienne d'ouverture

Venez, écoutez, vous tous qui craignez Dieu :
je vous dirai ce que le Seigneur a fait pour mon âme.
(Ps 65, 16)

Gloire à Dieu *(p. 221)*

Prière

Dieu éternel et tout-puissant, tu as inspiré à la bienheureuse Vierge Marie, qui portait en elle ton propre Fils, de rendre visite à Élisabeth ; accorde-nous d'être dociles au souffle de l'Esprit afin de pouvoir, avec elle, te magnifier éternellement. Par Jésus... ***— Amen.***

Lectures propres à la fête de la Visitation de la bienheureuse Vierge Marie.

Lecture

du livre du prophète Sophonie (3, 14-18)

« Le roi d'Israël, le Seigneur, est en toi »

Pousse des cris de joie, fille de Sion ! Éclate en ovations, Israël ! Réjouis-toi, de tout ton cœur bondis de joie, fille de Jérusalem ! Le Seigneur a levé les sentences qui pesaient sur toi, il a écarté tes ennemis. Le roi d'Israël, le Seigneur, est en toi. Tu n'as plus à craindre

26 - 31

le malheur. Ce jour-là, on dira à Jérusalem : « Ne crains pas, Sion ! Ne laisse pas tes mains défaillir ! Le Seigneur ton Dieu est en toi, c'est lui, le héros qui apporte le salut. Il aura en toi sa joie et son allégresse, il te renouvellera par son amour ; il exultera pour toi et se réjouira, comme aux jours de fête. » J'ai écarté de toi le malheur, pour que tu ne subisses plus l'humiliation.
– Parole du Seigneur.

On peut aussi lire la lettre de saint Paul apôtre aux Romains 12, 9-16b.

Cantique Isaïe 12, 2, 3, 4abcd, 4e-5, 6

℟ ***Il est grand au milieu de toi, le Dieu Saint d'Israël.***

Voici le Dieu qui me sauve :
j'ai confiance, je n'ai plus de crainte.
Ma force et mon chant, c'est le Seigneur ;
il est pour moi le salut. ℟

Exultant de joie,
vous puiserez les eaux
aux sources du salut. ℟

Ce jour-là, vous direz :
« Rendez grâce au Seigneur,
proclamez son nom,
annoncez parmi les peuples
ses hauts faits ! » ℟

Redites-le : « Sublime est son nom ! »
Jouez pour le Seigneur,
il montre sa magnificence,
et toute la terre le sait. ℟

Jubilez, criez de joie,
habitants de Sion,
car il est grand au milieu de toi,
le Saint d'Israël ! ℟

Acclamation de l'Évangile

Alléluia. Alléluia. Heureuse es-tu, Vierge Marie, toi qui as cru que s'accompliraient pour toi les paroles du Seigneur. ***Alléluia.***

Évangile de Jésus Christ

selon saint Luc (1, 39-56)

« D'où m'est-il donné que la mère de mon Seigneur vienne jusqu'à moi ? »

En ces jours-là, Marie se mit en route et se rendit avec empressement vers la région montagneuse, dans une ville de Judée. Elle entra dans la maison de Zacharie et salua Élisabeth. Or, quand Élisabeth entendit la salutation de Marie, l'enfant tressaillit en elle. Alors, Élisabeth fut remplie d'Esprit Saint, et s'écria d'une voix forte : « Tu es bénie entre toutes les femmes, et le fruit de tes entrailles est béni. D'où m'est-il donné que la mère de mon Seigneur vienne jusqu'à moi ? Car, lorsque tes paroles de salutation sont parvenues à mes oreilles, l'enfant a tressailli d'allégresse en moi. Heureuse celle qui a cru à l'accomplissement des paroles qui lui furent dites de la part du Seigneur. » Marie dit alors : « Mon âme exalte le Seigneur, exulte mon esprit en Dieu, mon Sauveur ! Il s'est penché sur son humble servante ; désormais tous les âges me diront bienheureuse. Le Puissant fit pour moi des merveilles ; Saint est son nom ! Sa miséricorde s'étend d'âge en âge sur ceux qui le craignent. Déployant la force de son bras, il disperse les superbes. Il renverse les puissants de leurs trônes, il élève les humbles. Il comble de biens les affamés, renvoie les riches les mains vides. Il relève Israël son serviteur, il se souvient de son amour de la promesse faite à nos pères, en faveur d'Abraham et sa descendance à jamais*. »

Marie resta avec Élisabeth environ trois mois, puis elle s'en retourna chez elle.

Prière sur les offrandes

Accueille, Seigneur souverain, le sacrifice de salut que nous offrons, comme tu as aimé la charité empressée de la Mère bienheureuse de ton Fils unique. Lui qui… ***– Amen.***

2e préface de la Vierge Marie, p. 228.

Antienne de la communion

Tous les âges me diront bienheureuse, car le Puissant fit pour moi des merveilles ; saint est son nom !
(Lc 1, 48-49)

Prière après la communion

Que ton Église te magnifie, Seigneur Dieu, toi qui as fait des merveilles pour tes fidèles ; comme le bienheureux Jean Baptiste, tressaillant d'allégresse, a discerné le Christ encore caché dans le sein de sa Mère, que nous percevions avec joie dans le sacrement de l'eucharistie ce même Christ toujours vivant. Lui qui… ***– Amen.***

INVITATION

Comme Marie qui se hâte d'aller voir sa cousine, à qui vais-je m'empresser de rendre visite aujourd'hui ?

COMMENTAIRE

Une rencontre, des rencontres Luc 1, 39-56

La Visitation est une rencontre aux multiples protagonistes. Non seulement Marie et Élisabeth mettent en présence Jésus et Jean Baptiste, mais Zacharie est aussi à proximité et l'Esprit Saint anime les paroles et les gestes. Ce dernier est même l'acteur principal qui accompagne Marie sur la route jusqu'à la maison de sa cousine et qui inspire l'aide qu'elle lui apporte pendant trois mois. Laissons-nous habiter en profondeur par l'Esprit des rencontres. ■

***Nicolas Tarralle,** prêtre assomptionniste*

✲ CLÉ DE LECTURE

« Et sa descendance à jamais » Luc 1, 55 *(p. 216)*

Luc le manifeste tout au long de son œuvre, Évangile et Actes des Apôtres : le projet de Dieu pour l'humanité se déploie dans l'histoire, dans une forte continuité. Au début de l'Évangile, avant la naissance de Jésus, Marie chante les merveilles de Dieu, la promesse faite à Abraham pour son peuple Israël. Car c'est d'abord dans et pour son peuple que Jésus va se lever. Au-delà, le salut de Dieu est offert à toutes les nations, et cette offre se déploiera dans le récit des Actes. D'un bout à l'autre de l'histoire, Dieu s'adresse à un peuple d'humiliés, de gens sans renommée et sans gloire au milieu des hommes. Un immigré, une petite province, une toute jeune femme, un crucifié : nous sommes invités à nous inscrire à leur suite pour faire connaître son amour. ■

***Roselyne Dupont-Roc,** bibliste*

Liturgie de la messe

RITES INITIAUX

Le chant d'entrée achevé, le prêtre et les fidèles, debout, font le signe de la croix, tandis que le prêtre, tourné vers le peuple, dit :

Au nom du Père, et du Fils, et du Saint-Esprit.

Le peuple répond :

– Amen.

Salutation

La grâce de Jésus, le Christ, notre Seigneur, l'amour de Dieu le Père, et la communion de l'Esprit Saint soient toujours avec vous.

– Et avec votre esprit.

Ou bien : Que la grâce et la paix de Dieu notre Père et du Seigneur Jésus, le Christ, soient toujours avec vous.

– Et avec votre esprit.

Ou bien : Le Seigneur soit avec vous.

– Et avec votre esprit.

Acte pénitentiel

Frères et sœurs, préparons-nous à célébrer le mystère de l'eucharistie, en reconnaissant que nous avons péché.

(1) Je confesse à Dieu tout-puissant, je reconnais devant vous, frères et sœurs, que j'ai péché en pensée, en parole, par action et par omission ; oui, j'ai vraiment péché. C'est pourquoi je supplie la bienheureuse Vierge Marie, les anges et tous les saints, et vous aussi, frères et sœurs, de prier pour moi le Seigneur notre Dieu.

(2) Prends pitié de nous, Seigneur. – ***Nous avons péché contre toi.***
Montre-nous, Seigneur, ta miséricorde. – ***Et donne-nous ton salut.***

(3) Seigneur Jésus, envoyé pour guérir les cœurs qui reviennent vers toi :
Seigneur, prends pitié. – ***Seigneur, prends pitié.***
Ô Christ, venu appeler les pécheurs : ô Christ, prends pitié.
– ***Ô Christ, prends pitié.***
Seigneur, qui sièges à la droite du Père où tu intercèdes pour nous :
Seigneur, prends pitié. – ***Seigneur, prends pitié.***

Que Dieu tout-puissant nous fasse miséricorde ; qu'il nous pardonne nos péchés et nous conduise à la vie éternelle. – ***Amen.***

Ensuite, on chante ou on dit le Kyrie eleison (Seigneur, prends pitié), à moins qu'il n'ait été déjà employé dans une formule de l'acte pénitentiel (c'est le cas de la précédente).

Kyrie, eleison. – ***Kyrie, eleison.***
Christe, eleison. – ***Christe, eleison.***
Kyrie, eleison. – ***Kyrie, eleison.***
ou bien : Seigneur, prends pitié. – ***Seigneur, prends pitié.***
Ô Christ, prends pitié. – ***Ô Christ, prends pitié.***
Seigneur, prends pitié. – ***Seigneur, prends pitié.***

LA LITURGIE - RITES INITIAUX

(4) Aux messes dominicales, l'aspersion de l'eau bénite peut tenir lieu de préparation pénitentielle.

Frères et sœurs bien-aimés, demandons au Seigneur de bénir cette eau qu'il a créée ; nous allons en être aspergés en mémoire de notre baptême : que Dieu nous vienne en aide, afin que nous demeurions fidèles à l'Esprit que nous avons reçu.

Le prêtre prononce sur l'eau une prière d'action de grâce.

Seigneur, Dieu tout-puissant, sois favorable aux prières de ton peuple : tandis que nous célébrons la merveille de notre création et la merveille plus grande encore de notre rédemption, daigne bénir ✠ cette eau. Tu l'as créée pour féconder la terre et donner à nos corps fraîcheur et pureté. Tu en as fait aussi l'instrument de ta miséricorde : par elle tu as libéré ton peuple de la servitude et tu as étanché sa soif dans le désert ; par elle les prophètes ont annoncé la nouvelle Alliance que tu allais conclure avec l'humanité ; par elle enfin, eau sanctifiée par le Christ au Jourdain, tu as renouvelé notre nature pécheresse dans le bain de la nouvelle naissance. Que cette eau, maintenant, nous rappelle notre baptême et nous fasse participer à la joie de nos frères et sœurs les baptisés de Pâques. Par le Christ, notre Seigneur. ***– Amen.***

Le prêtre circule dans l'assemblée en aspergeant les fidèles pendant que l'on chante un chant baptismal. Par exemple : Par le baptême de renaissance (I 296) ; J'ai vu l'eau vive (I 132).

Que Dieu tout-puissant nous purifie de nos péchés et, par la célébration de cette eucharistie, nous rende dignes de participer à la table de son royaume. Par le Christ, notre Seigneur. ***– Amen.***

Gloire à Dieu

Gloire à Dieu, au plus haut des cieux, et paix sur la terre aux hommes,
qu'il aime. Nous te louons, nous te bénissons, nous t'adorons,
nous te glorifions, nous te rendons grâce, pour ton immense gloire,
Seigneur Dieu, Roi du ciel, Dieu le Père tout-puissant.
Seigneur, Fils unique, Jésus Christ, Seigneur Dieu,
Agneau de Dieu, le Fils du Père ;
toi qui enlèves les péchés du monde, prends pitié de nous ;
toi qui enlèves les péchés du monde, reçois notre prière ;
toi qui es assis à la droite du Père, prends pitié de nous.
Car toi seul es Saint, toi seul es Seigneur, toi seul es le Très-Haut :
Jésus Christ, avec le Saint-Esprit dans la gloire de Dieu le Père. Amen.

Gloria in excelsis Deo et in terra pax hominibus bonæ voluntatis. Laudamus te, benedicimus te, adoramus te, glorificamus te, gratias agimus tibi propter magnam gloriam tuam, Domine Deus, Rex cælestis, Deus Pater omnipotens. Domine Fili unigenite, Iesu Christe, Domine Deus, Agnus Dei, Filius Patris, qui tollis peccata mundi, miserere nobis ; qui tollis peccata mundi, suscipe deprecationem nostram. Qui sedes ad dexteram Patris, miserere nobis.
Quoniam tu solus Sanctus, tu solus Dominus, tu solus Altissimus,
Iesu Christe, cum Sancto Spiritu : in gloria Dei Patris. Amen.

Prière d'ouverture

Voir à la date du jour.

LITURGIE DE LA PAROLE

Voir à la date du jour.

Profession de foi

Symbole de Nicée-Constantinople

Je crois en un seul Dieu, le Père tout-puissant,
créateur du ciel et de la terre, de l'univers visible et invisible.
Je crois en un seul Seigneur, Jésus Christ, le Fils unique de Dieu,
né du Père avant tous les siècles : il est Dieu, né de Dieu,
lumière née de la lumière, vrai Dieu, né du vrai Dieu,
engendré, non pas créé, consubstantiel au Père, et par lui tout a été fait.
Pour nous les hommes, et pour notre salut, il descendit du ciel ;
par l'Esprit Saint, il a pris chair de la Vierge Marie, et s'est fait homme.
Crucifié pour nous sous Ponce Pilate,
il souffrit sa passion et fut mis au tombeau.
Il ressuscita le troisième jour, conformément aux Écritures,
et il monta au ciel ; il est assis à la droite du Père.
Il reviendra dans la gloire, pour juger les vivants et les morts ;
et son règne n'aura pas de fin.
Je crois en l'Esprit Saint, qui est Seigneur et qui donne la vie ;
il procède du Père et du Fils ; avec le Père et le Fils,
il reçoit même adoration et même gloire ; il a parlé par les prophètes.
Je crois en l'Église, une, sainte, catholique et apostolique.
Je reconnais un seul baptême pour le pardon des péchés.
J'attends la résurrection des morts, et la vie du monde à venir. Amen.

Credo in unum Deum, Patrem omnipotentem,
Factorem cœli et terræ, visibilium omnium et invisibilium.
Et in unum Dominum Iesum Christum, Filium Dei unigenitum,
et ex Patre natum ante omnia sæcula.
Deum de Deo, lumen de lumine, Deum verum de Deo vero, genitum,
non factum, consubstantialem Patri : per quem omnia facta sunt.
Qui propter nos homines et propter nostram salutem descendit de cælis.
Et incarnatus est de Spiritu Sancto ex Maria Virgine, et homo factus est.
Crucifixus etiam pro nobis sub Pontio Pilato ;
passus et sepultus est, et resurrexit tertia die, secundum Scripturas,
et ascendit in cælum, sedet ad dexteram Patris.
Et iterum venturus est cum gloria, iudicare vivos et mortuos,
cuius regni non erit finis.
Et in Spiritum Sanctum, Dominum et vivificantem :
qui ex Patre Filioque procedit.
Qui cum Patre et Filio simul adoratur et conglorificatur :
qui locutus est per prophetas.
Et unam, sanctam, catholicam et apostolicam Ecclesiam.
Confiteor unum baptisma in remissionem peccatorum.
Et exspecto resurrectionem mortuorum, et vitam venturi sæculi.
Amen.

Symbole des Apôtres

Je crois en Dieu, le Père tout-puissant, créateur du ciel et de la terre.
Et en Jésus Christ, son Fils unique, notre Seigneur,
qui a été conçu du Saint-Esprit, est né de la Vierge Marie,
a souffert sous Ponce Pilate, a été crucifié, est mort et a été enseveli,
est descendu aux enfers, le troisième jour est ressuscité des morts,
est monté aux cieux, est assis à la droite de Dieu le Père tout-puissant,
d'où il viendra juger les vivants et les morts.
Je crois en l'Esprit Saint, à la sainte Église catholique,
à la communion des saints, à la rémission des péchés,
à la résurrection de la chair, à la vie éternelle. Amen.

Prière universelle

LITURGIE EUCHARISTIQUE

Préparation des dons

Tu es béni, Seigneur, Dieu de l'univers : nous avons reçu de ta bonté le pain
que nous te présentons, fruit de la terre et du travail des hommes;
il deviendra pour nous le pain de la vie. ***—Béni soit Dieu, maintenant et toujours!***
Comme cette eau se mêle au vin pour le sacrement de l'Alliance,
puissions-nous être unis à la divinité de celui qui a voulu prendre notre humanité.
Tu es béni, Seigneur, Dieu de l'univers : nous avons reçu de ta bonté le vin
que nous te présentons, fruit de la vigne et du travail des hommes;
il deviendra pour nous le vin du Royaume éternel.
—Béni soit Dieu, maintenant et toujours!

Le cœur humble et contrit, nous te supplions, Seigneur, accueille-nous : que notre sacrifice, en ce jour, trouve grâce devant toi, Seigneur notre Dieu. Lave-moi de mes fautes, Seigneur, et purifie-moi de mon péché.

Prière sur les offrandes

Priez, frères et sœurs : que mon sacrifice, qui est aussi le vôtre, soit agréable à Dieu le Père tout-puissant.

— Que le Seigneur reçoive de vos mains ce sacrifice à la louange et à la gloire de son nom, pour notre bien et celui de toute l'Église.

Ou bien :

Prions ensemble, au moment d'offrir le sacrifice de toute l'Église.

— Pour la gloire de Dieu et le salut du monde.

Prière eucharistique

Le Seigneur soit avec vous. ***— Et avec votre esprit.***
Élevons notre cœur. ***— Nous le tournons vers le Seigneur.***
Rendons grâce au Seigneur notre Dieu. ***— Cela est juste et bon.***

Préfaces

1re préface de Pâques

Le mystère pascal

Vraiment, il est juste et bon, pour ta gloire et notre salut, de te louer, Seigneur, en tout temps, mais plus encore de te glorifier • aujourd'hui *(le jour de Pâques et pendant l'octave)* • en ces jours *(après l'octave)* où le Christ, notre Pâque, a été immolé. Car il est

LA LITURGIE - LITURGIE EUCHARISTIQUE

l'Agneau véritable qui a enlevé les péchés du monde : en mourant, il a détruit notre mort ; en ressuscitant, il nous a rendu la vie. C'est pourquoi la joie pascale rayonne par tout l'univers, la terre entière exulte, les puissances d'en haut et les anges dans le ciel chantent sans fin l'hymne de ta gloire : ***Saint ! Saint ! Saint...***

2e préface de Pâques

La vie nouvelle dans le Christ

Vraiment, il est juste et bon, pour ta gloire et notre salut, de te louer, Seigneur, en tout temps, mais plus encore de te glorifier en ces jours où le Christ, notre Pâque, a été immolé. Grâce à lui se lèvent des enfants de lumière pour une vie éternelle, et les portes du royaume des Cieux s'ouvrent pour accueillir les croyants. Car sa mort nous affranchit de la mort et, dans sa résurrection, chacun de nous est déjà ressuscité. C'est pourquoi la joie pascale rayonne par tout l'univers, la terre entière exulte, les puissances d'en haut et les anges dans le ciel chantent sans fin l'hymne de ta gloire :

Saint ! Saint ! Saint...

3e préface de Pâques

Le Christ est vivant et intercède toujours pour nous

Vraiment, il est juste et bon, pour ta gloire et notre salut, de te louer, Seigneur, en tout temps, mais plus encore de te glorifier en ces jours où le Christ, notre Pâque, a été immolé. Il ne cesse pas de s'offrir pour nous, et demeure éternellement notre défenseur auprès de toi ; immolé, il a vaincu la mort ; mis à mort, il est vivant pour toujours. C'est pourquoi la joie pascale rayonne par tout l'univers, la terre entière exulte, les puissances d'en haut et les anges dans le ciel chantent sans fin l'hymne de ta gloire : ***Saint ! Saint ! Saint...***

4e préface de Pâques

La restauration de l'univers par le mystère pascal

Vraiment, il est juste et bon, pour ta gloire et notre salut, de te louer, Seigneur, en tout temps, mais plus encore de te glorifier en ces jours où le Christ, notre Pâque, a été immolé. Le monde ancien est détruit, la création déchue est renouvelée, et, dans le Christ, nous est rendue la vie en plénitude. C'est pourquoi la joie pascale rayonne par tout l'univers, la terre entière exulte, les puissances d'en haut et les anges dans le ciel chantent sans fin l'hymne de ta gloire :

Saint ! Saint ! Saint...

5e préface de Pâques

Le Christ, prêtre et victime

Vraiment, il est juste et bon, pour ta gloire et notre salut, de te louer, Seigneur, en tout temps, mais plus encore de te glorifier en ces jours où le Christ, notre Pâque, a été immolé. Par l'offrande de son corps, il mène à leur achèvement, dans la vérité de la croix, les sacrifices de l'ancienne Alliance, et quand il te remet son esprit pour notre salut, il est à lui seul le prêtre, l'autel et l'agneau du sacrifice. C'est pourquoi la joie pascale rayonne par tout l'univers, la terre entière exulte, les puissances d'en haut et les anges dans le ciel chantent sans fin l'hymne de ta gloire : ***Saint ! Saint ! Saint...***

2e préface de l'Ascension

Le mystère de l'Ascension

Vraiment, il est juste et bon, pour ta gloire et notre salut, de t'offrir notre action de grâce, toujours et en tout lieu, Seigneur, Père très saint, Dieu éternel et tout-puissant, par le Christ, notre Seigneur. Car il s'est manifesté après sa résurrection, en apparaissant à tous ses disciples, et, devant leurs yeux, il s'éleva au ciel pour nous rendre participants de sa divinité. C'est pourquoi la joie pascale rayonne par tout l'univers, la terre entière exulte, les puissances d'en haut et les anges dans le ciel chantent sans fin l'hymne de ta gloire : ***Saint ! Saint ! Saint…***

2e préface de la Vierge Marie

L'Église loue Dieu avec les paroles de Marie

Vraiment, Père très saint, il est juste et bon, pour ta gloire et notre salut, de te proclamer admirable dans le triomphe de tous les saints, et, plus encore, de dire la grandeur de ta bonté pour fêter la bienheureuse Vierge Marie, en reprenant son cantique d'action de grâce. Oui, tu as fait des merveilles pour la terre entière et tu as étendu ta miséricorde à tous les âges, en choisissant ton humble servante pour donner au monde le Sauveur, ton Fils, le Seigneur Jésus Christ. Par lui, les anges adorent ta majesté et se réjouissent en ta présence à jamais. À leur hymne de louange, laisse-nous joindre nos voix pour chanter et proclamer : ***Saint ! Saint ! Saint…***

Préface de saint Joseph

La mission de saint Joseph

Vraiment, il est juste et bon, pour ta gloire et notre salut, de t'offrir notre action de grâce, toujours et en tout lieu, Seigneur, Père très saint, Dieu éternel et tout-puissant. En fêtant saint Joseph, c'est à toi que nous devons rendre hommage, toi que nous exaltons et que nous bénissons. Car il fut l'homme juste que tu donnas comme époux à la Vierge Marie, la Mère de Dieu ; il fut le serviteur fidèle et prudent à qui tu confias la sainte Famille ; il veilla comme un père sur ton Fils unique conçu par la puissance du Saint-Esprit, Jésus Christ, notre Seigneur. Par lui, les anges célèbrent ta grandeur, et les esprits bienheureux adorent ta gloire ; par lui s'inclinent devant toi les puissances d'en haut, et tressaillent d'une même allégresse les innombrables créatures des cieux. À leur hymne de louange, laisse-nous joindre nos voix pour chanter et proclamer : ***Saint ! Saint ! Saint…***

1re préface des saints

La gloire des saints

Vraiment, il est juste et bon, pour ta gloire et notre salut, de t'offrir notre action de grâce, toujours et en tout lieu, Seigneur, Père très saint, Dieu éternel et tout-puissant. Car tu es glorifié dans l'assemblée des saints : lorsque tu couronnes leurs mérites, tu couronnes tes propres dons. Dans leur vie, tu nous procures un modèle, dans la communion avec eux, une famille, et dans leur intercession, un appui ; afin que, soutenus par de si nombreux témoins, nous courions jusqu'au bout l'épreuve qui nous est proposée et recevions avec eux l'impérissable couronne de gloire, par le Christ, notre Seigneur. C'est pourquoi, avec les anges et les archanges, avec la foule immense des saints, nous chantons l'hymne de ta gloire et sans fin nous proclamons :

Saint ! Saint ! Saint,
le Seigneur, Dieu de l'univers !
Le ciel et la terre
sont remplis de ta gloire.
Hosanna au plus haut des cieux.
Béni soit celui qui vient
au nom du Seigneur.
Hosanna au plus haut des cieux.

Sanctus, Sanctus, Sanctus
Dominus Deus Sabaoth.
Pleni sunt cœli et terra gloria tua.
Hosanna in excelsis.
Benedictus qui venit in nomine Domini.
Hosanna in excelsis.

• *Prière eucharistique* **1**
« Toi, Père très aimant... » .... *p. 230*
• *Prière eucharistique* **2**
« Toi qui es vraiment saint... » .... *p. 235*
• *Prière eucharistique* **3**
« Tu es vraiment saint... » .... *p. 237*
• *Prière eucharistique* **4**
« Père très saint... » .... *p. 241*

Prière eucharistique n° 1

(Préfaces : p. 225)

Toi, Père très aimant, nous te prions et te supplions par Jésus Christ, ton Fils, notre Seigneur, d'accepter et de bénir ✠ ces dons, ces offrandes, sacrifice pur et saint, que nous te présentons avant tout pour ta sainte Église catholique : accorde-lui la paix et protège-la, daigne la rassembler dans l'unité et la gouverner par toute la terre ; nous les présentons en union avec ton serviteur notre pape N., notre évêque N., et tous ceux qui gardent fidèlement la foi catholique reçue des Apôtres.

Souviens-toi, Seigneur, de tes serviteurs et de tes servantes (de N. et de N.), et de tous ceux qui sont ici réunis, dont tu connais la foi et l'attachement. Nous t'offrons pour eux, ou ils t'offrent pour eux-mêmes et tous les leurs ce sacrifice de louange, pour leur propre rédemption, pour la paix, et le salut qu'ils espèrent ; ils te rendent cet hommage, à toi, Dieu éternel, vivant et vrai.

(1) **En semaine :**

• Unis dans une même communion, vénérant d'abord la mémoire de la bienheureuse Marie toujours vierge, Mère de notre Dieu et Seigneur, Jésus Christ, •••

(2) **Le dimanche :**

• Unis dans une même communion, nous célébrons le jour où le Christ est ressuscité d'entre les morts ; et vénérant d'abord la mémoire de la bienheureuse Marie toujours vierge, Mère de notre Dieu et Seigneur, Jésus Christ, •••

(3) **À l'Ascension du Seigneur :**

• Unis dans une même communion, nous célébrons le jour très saint où notre Seigneur, ton Fils unique, ayant pris notre nature avec sa faiblesse, la fit entrer dans ta gloire, à ta droite ; et vénérant d'abord la mémoire de la bienheureuse Marie toujours Vierge, Mère de notre Dieu et Seigneur, Jésus Christ, •••

(4) **À la Pentecôte :**

• Unis dans une même communion, nous célébrons le jour très saint de la Pentecôte, où l'Esprit Saint s'est manifesté aux Apôtre par d'innombrables langues de feu ; et vénérant d'abord la mémoire de la bienheureuse Marie toujours Vierge, Mère de notre Dieu et Seigneur, Jésus Christ, •••

••• et celle de saint Joseph, son époux, des bienheureux Apôtres et martyrs Pierre et Paul, André, [Jacques et Jean, Thomas, Jacques et Philippe, Barthélemy et Matthieu, Simon et Jude, Lin, Clet, Clément, Sixte, Corneille et Cyprien, Laurent, Chrysogone, Jean et Paul, Côme et Damien,] et de tous les saints, nous t'en supplions : accorde-nous, par leur prière et leurs mérites, d'être toujours et partout, forts de ton secours et de ta protection. [Par le Christ, notre Seigneur. Amen.]

Voici donc l'offrande que nous présentons devant toi, nous, tes serviteurs, et ta famille entière : Seigneur, dans ta bienveillance, accepte-la. Assure toi-même la paix de notre vie, arrache-nous à la damnation éternelle et veuille nous admettre au nombre de tes élus. [Par le Christ, notre Seigneur. Amen.]

Seigneur Dieu, nous t'en prions, daigne bénir et accueillir cette offrande, accepte-la pleinement, rends-la parfaite et digne de toi : qu'elle devienne pour nous le corps et le sang de ton Fils bien-aimé, Jésus, le Christ, notre Seigneur.

Prière eucharistique n° 1

La veille de sa passion, il prit le pain dans ses mains très saintes et, les yeux levés au ciel, vers toi, Dieu, son Père tout-puissant, en te rendant grâce il dit la bénédiction, il rompit le pain, et le donna à ses disciples, en disant : « **Prenez, et mangez-en tous** : ceci est mon corps livré pour vous. »

De même, après le repas, il prit cette coupe incomparable dans ses mains très saintes ; et, te rendant grâce à nouveau, il dit la bénédiction, et donna la coupe à ses disciples, en disant : « **Prenez, et buvez-en tous**, car ceci est la coupe de mon sang, le sang de l'Alliance nouvelle et éternelle, qui sera versé pour vous et pour la multitude en rémission des péchés. Vous ferez cela en mémoire de moi. »

(1) Il est grand, le mystère de la foi :
– Nous annonçons ta mort, Seigneur Jésus, nous proclamons ta résurrection, nous attendons ta venue dans la gloire.

(2) Acclamons le mystère de la foi :
– Quand nous mangeons ce pain et buvons à cette coupe, nous annonçons ta mort, Seigneur ressuscité, et nous attendons que tu viennes.

(3) Qu'il soit loué, le mystère de la foi :
– Sauveur du monde, sauve-nous ! Par ta croix et ta résurrection, tu nous as libérés.
ou:
Proclamons le mystère de la foi :
– Gloire à toi qui étais mort, gloire à toi qui es vivant, notre Sauveur et notre Dieu : viens, Seigneur Jésus !

Mysterium fidei.
(1) *– Mortem tuam annuntiamus, Domine, et tuam resurrectionem confitemur, donec venias.*
(2) *– Quotiescumque manducamus*

panem hunc et calicem bibimus,
mortem tuam annuntiamus, Domine,
donec venias.
(3) – *Salvator mundi, salva nos,*
qui per crucem et resurrectionem
tuam liberasti nos.

Voilà pourquoi nous, tes serviteurs, et ton peuple saint avec nous, faisant mémoire de la passion bienheureuse de ton Fils, Jésus, le Christ, notre Seigneur, de sa résurrection du séjour des morts et de sa glorieuse ascension dans le ciel, nous te présentons, Dieu de gloire et de majesté, cette offrande prélevée sur les biens que tu nous donnes, le sacrifice pur et saint, le sacrifice parfait, pain de la vie éternelle et coupe du salut. Et comme il t'a plu d'accueillir les présents de ton serviteur Abel le Juste, le sacrifice d'Abraham, notre père dans la foi, et celui que t'offrit Melkisédek, ton grand prêtre, oblation sainte et immaculée, regarde ces offrandes avec amour et, dans ta bienveillance, accepte-les. Nous t'en supplions, Dieu tout-puissant : qu'elles soient portées par les mains de ton saint Ange en présence de ta gloire, sur ton autel céleste, afin qu'en recevant ici, par notre communion à l'autel, le corps et le sang très saints de ton Fils, nous soyons comblés de la grâce et de toute bénédiction du ciel. [Par le Christ, notre Seigneur. Amen.]

Souviens-toi aussi, Seigneur, de tes serviteurs et de tes servantes (de N. et N.) qui nous ont précédés, marqués du signe de la foi, et qui dorment dans la paix. Pour eux et pour tous ceux qui reposent dans le Christ, nous implorons ta bonté, Seigneur : qu'ils demeurent dans la joie, la lumière et la paix. [Par le Christ, notre Seigneur. Amen.]

Et nous pécheurs, tes serviteurs, qui mettons notre espérance en ta miséricorde inépuisable, admetsnous dans la communauté des saints Apôtres et martyrs, avec Jean Baptiste, Étienne, Matthias et Barnabé, [Ignace, Alexandre, Marcellin et Pierre, Félicité et Perpétue, Agathe, Lucie, Agnès, Cécile, Anastasie,] et tous les saints; nous t'en prions, accueille-nous dans leur compagnie, sans nous juger sur le mérite mais en accordant largement ton pardon. Par le Christ, notre Seigneur.

Par lui, tu ne cesses de créer tous ces biens, tu les sanctifies, leur donnes la vie, les bénis, et nous en fais le don.

Par lui, avec lui et en lui, à toi, Dieu le Père tout-puissant, dans l'unité du Saint-Esprit, tout honneur et toute gloire, pour les siècles des siècles.
– Amen.

Vient ensuite le rite de la communion, p. 245.

Prière eucharistique nº 2

(On peut aussi choisir une autre préface.)

Vraiment, Père très saint, il est juste et bon, pour ta gloire et notre salut, de t'offrir notre action de grâce, toujours et en tout lieu, par ton Fils bien-aimé, Jésus, le Christ : il est ta parole par qui tu as créé toutes choses; c'est lui que tu nous as envoyé comme Rédempteur et Sauveur, Dieu fait homme, conçu de l'Esprit Saint, né de la Vierge Marie. Pour accomplir jusqu'au bout ta volonté et rassembler un peuple saint qui t'appartienne, il étendit les mains à l'heure de sa passion, afin de briser la mort, et de manifester la résurrection. C'est pourquoi, avec les anges et tous les saints, nous chantons ta gloire, et d'une seule voix nous proclamons :

Saint! Saint! Saint, le Seigneur,
Dieu de l'univers! Le ciel et la terre

sont remplis de ta gloire. Hosanna au plus haut des cieux. Béni soit celui qui vient au nom du Seigneur. Hosanna au plus haut des cieux.

(Voir p. 229 pour la version latine.)

(1) En semaine :

• Toi qui es vraiment saint, toi qui es la source de toute sainteté, Seigneur, nous te prions : •••

(2) Le dimanche :

• Toi qui es vraiment saint, toi qui es la source de toute sainteté, Dieu notre Père, nous voici rassemblés devant toi, et, dans la communion de toute l'Église, nous célébrons le jour où le Christ est ressuscité d'entre les morts. Par lui que tu as élevé à ta droite, nous te prions : •••

(3) À l'Ascension du Seigneur :

• Toi qui es vraiment saint, toi qui es la source de toute sainteté, Dieu notre Père, nous voici rassemblés devant toi, et, dans la communion de toute l'Église, nous célébrons le jour très saint où notre Seigneur, ton Fils unique, ayant pris notre nature avec sa faiblesse, la fit entrer dans la gloire, près de toi. Par lui, qui siège désormais à ta droite, nous te prions : •••

(4) À la Pentecôte :

• Toi qui es vraiment saint, toi qui es la source de toute sainteté, Dieu notre Père, nous voici rassemblés devant toi, et, dans la communion de toute l'Église, nous célébrons le jour très saint de la Pentecôte, où l'Esprit Saint s'est manifesté aux Apôtres par d'innombrables langues de feu ; et nous te prions, Seigneur : •••

••• Sanctifie ces offrandes en répandant sur elles ton Esprit ; qu'elles deviennent pour nous le corps et ✠ le sang de Jésus, le Christ, notre Seigneur.

Prière eucharistique n° 2

Au moment d'être livré et d'entrer librement dans sa passion, il prit le pain, il rendit grâce, il le rompit et le donna à ses disciples, en disant : « **Prenez, et mangez-en tous** : ceci est mon corps livré pour vous. »
De même, après le repas, il prit la coupe ; de nouveau il rendit grâce, et la donna à ses disciples, en disant :
« **Prenez, et buvez-en tous**, car ceci est la coupe de mon sang, le sang de l'Alliance nouvelle et éternelle, qui sera versé pour vous et pour la multitude en rémission des péchés. Vous ferez cela en mémoire de moi. »

(1) Il est grand, le mystère de la foi :
– Nous annonçons ta mort, Seigneur Jésus, nous proclamons ta résurrection, nous attendons ta venue dans la gloire.

(2) Acclamons le mystère de la foi :
– Quand nous mangeons ce pain et buvons à cette coupe, nous annonçons ta mort, Seigneur ressuscité, et nous attendons que tu viennes.

(3) Qu'il soit loué, le mystère de la foi :
– Sauveur du monde, sauve-nous ! Par ta croix et ta résurrection, tu nous as libérés.
ou
Proclamons le mystère de la foi :
– Gloire à toi qui étais mort, gloire à toi qui es vivant, notre Sauveur et notre Dieu : viens, Seigneur Jésus !
(Voir p. 232 pour la version latine.)

En faisant ainsi mémoire de la mort et de la résurrection de ton Fils, nous t'offrons, Seigneur, le pain de la vie et la coupe du salut, et nous te rendons grâce, car tu nous as estimés dignes de nous tenir devant toi pour te servir. Humblement, nous te demandons qu'en ayant part au corps et au sang du Christ, nous soyons rassemblés par l'Esprit Saint en un seul corps.

Souviens-toi, Seigneur, de ton Église répandue à travers le monde : fais-la grandir dans ta charité en union avec notre pape N., notre évêque N., et tous les évêques, les prêtres et les diacres.

Souviens-toi aussi de nos frères et sœurs qui se sont endormis dans l'espérance de la résurrection, et souviens-toi, dans ta miséricorde, de tous les défunts : accueille-les dans la lumière de ton visage.

Sur nous tous enfin, nous implorons ta bonté : permets qu'avec la Vierge Marie, la bienheureuse Mère de Dieu, avec saint Joseph, son époux, les Apôtres et tous les saints qui ont fait ta joie au long des âges, nous ayons part à la vie éternelle et que nous chantions ta louange et ta gloire, par ton Fils Jésus, le Christ.

Par lui, avec lui et en lui, à toi, Dieu le Père tout-puissant, dans l'unité du Saint-Esprit, tout honneur et toute gloire, pour les siècles des siècles.

– Amen.

Vient ensuite le rite de la communion, p. 245.

Prière eucharistique nº 3

(Préfaces : p. 225)

Tu es vraiment saint, Dieu de l'univers, et il est juste que toute la création proclame ta louange, car c'est toi qui donnes la vie, c'est toi qui sanctifies toutes choses, par ton Fils, Jésus Christ, notre Seigneur, avec la puissance de l'Esprit Saint ; et tu ne cesses de rassembler ton peuple, afin que, du levant au couchant du soleil, une offrande pure soit présentée à ton nom.

Prière eucharistique nº 3

(1) **En semaine :**
• C'est pourquoi nous te supplions, Seigneur, de consacrer toi-même les offrandes que nous apportons : •••

(2) **Le dimanche :**
• C'est pourquoi nous voici rassemblés devant toi, Dieu notre Père, et, dans la communion de toute l'Église, nous célébrons le jour où le Christ est ressuscité d'entre les morts. Par lui, que tu as élevé à ta droite, nous te supplions de consacrer toi-même les offrandes que nous apportons : •••

(3) **À l'Ascension du Seigneur :**
• C'est pourquoi nous voici rassemblés devant toi, Dieu notre Père, et, dans la communion de toute l'Église, nous célébrons le jour très saint où notre Seigneur, ton Fils unique, ayant pris notre nature avec sa faiblesse, la fit entrer dans la gloire, près de toi, Par lui, qui siège désormais à ta droite, nous te supplions de consacrer toi-même les offrandes que nous apportons : •••

(4) **À la Pentecôte :**
• C'est pourquoi nous voici rassemblés devant toi, Dieu notre Père, et, dans la communion de toute l'Église, nous célébrons le jour très saint de la Pentecôte, où l'Esprit Saint s'est manifesté aux Apôtres par d'innombrables langues de feu ; nous te supplions de consacrer toi-même les offrandes que nous apportons : •••

••• Sanctifie-les par ton Esprit pour qu'elles deviennent le corps + et le sang de ton Fils, Jésus Christ, notre Seigneur, qui nous a dit de célébrer ce mystère.

La nuit même où il fut livré, il prit le pain, en te rendant grâce il dit la bénédiction, il rompit le pain, et

le donna à ses disciples, en disant : « **Prenez, et mangez-en tous** : ceci est mon corps livré pour vous. »
De même, après le repas, il prit la coupe ; en te rendant grâce il dit la bénédiction, et donna la coupe à ses disciples, en disant :
« **Prenez, et buvez-en tous**, car ceci est la coupe de mon sang, le sang de l'Alliance nouvelle et éternelle, qui sera versé pour vous et pour la multitude en rémission des péchés. Vous ferez cela en mémoire de moi. »

(1) Il est grand, le mystère de la foi :
— Nous annonçons ta mort, Seigneur Jésus, nous proclamons ta résurrection, nous attendons ta venue dans la gloire.

(2) Acclamons le mystère de la foi :
— Quand nous mangeons ce pain et buvons à cette coupe, nous annonçons ta mort, Seigneur ressuscité, et nous attendons que tu viennes.

(3) Qu'il soit loué, le mystère de la foi :
— Sauveur du monde, sauve-nous ! Par ta croix et ta résurrection, tu nous as libérés.

ou:

Proclamons le mystère de la foi :
— Gloire à toi qui étais mort, gloire à toi qui es vivant, notre Sauveur et notre Dieu : viens, Seigneur Jesus !

(Voir p. 232 pour la version latine.)

En faisant ainsi mémoire de ton Fils, de sa passion qui nous sauve, de sa glorieuse résurrection et de son ascension dans le ciel, alors que nous attendons son dernier avènement, nous t'offrons, Seigneur, en action de grâce, ce sacrifice vivant et saint. Regarde, nous t'en prions, l'oblation de ton Église, et daigne y reconnaître ton Fils qui, selon ta volonté, s'est offert en sacrifice pour nous réconcilier avec toi. Quand nous serons nourris de son corps et de son sang, et remplis de l'Esprit

Saint, accorde-nous d'être un seul corps et un seul esprit dans le Christ.

Que l'Esprit Saint fasse de nous une éternelle offrande à ta gloire, pour que nous obtenions un jour l'héritage promis, avec tes élus : en premier lieu la bienheureuse Vierge Marie, Mère de Dieu, avec saint Joseph, son époux, les bienheureux Apôtres, les glorieux martyrs, (saint N.) et tous les saints, qui ne cessent d'intercéder auprès de toi et nous assurent de ton secours.

Et maintenant nous te supplions, Seigneur : par le sacrifice qui nous réconcilie avec toi, étends au monde entier le salut et la paix. Affermis ton Église, en pèlerinage sur la terre, dans la foi et la charité, en union avec ton serviteur notre pape N., et notre évêque N., l'ensemble des évêques, les prêtres, les diacres, et tout le peuple que tu as racheté. Écoute, en ta bonté, les prières de ta famille, que tu as voulu rassembler devant toi. Dans ta miséricorde, ramène à toi, Père très aimant, tous tes enfants dispersés.

Pour nos frères et sœurs défunts, et pour tous ceux qui ont quitté ce monde et trouvent grâce devant toi, nous te prions : en ta bienveillance, accueille-les dans ton Royaume, où nous espérons être comblés de ta gloire, tous ensemble et pour l'éternité, par le Christ, notre Seigneur, par qui tu donnes au monde toute grâce et tout bien.

Par lui, avec lui et en lui, à toi, Dieu le Père tout-puissant, dans l'unité du Saint-Esprit, tout honneur et toute gloire, pour les siècles des siècles.
— Amen.

Vient ensuite le rite de la communion, p. 245.

Prière eucharistique nº 4

Vraiment, il est bon de te rendre grâce, il est juste et bon de te glorifier, Père très saint, car tu es le seul Dieu, le Dieu vivant et vrai : toi qui es avant tous les siècles, tu demeures éternellement, lumière au-delà de toute lumière. Toi, le Dieu de bonté, la source de la vie, tu as fait le monde pour que toute créature soit comblée de tes bénédictions, et que beaucoup se réjouissent de l'éclat de ta lumière. Ainsi, la foule innombrable des anges qui te servent jour et nuit se tiennent devant toi, et, contemplant la splendeur de ta face, n'interrompent jamais leur louange. Unis à leur hymne d'allégresse, avec la création tout entière qui t'acclame par nos voix, Dieu, nous te chantons (louons) :

Saint ! Saint ! Saint,
le Seigneur,
Dieu de l'univers !
Le ciel et la terre
sont remplis de ta gloire.
Hosanna au plus haut des cieux.
Béni soit celui qui vient
au nom du Seigneur.
Hosanna au plus haut des cieux.

(Voir p. 229 pour la version latine.)

Père très saint, nous proclamons que tu es grand et que tu as fait toutes choses avec sagesse et par amour : tu as créé l'homme à ton image et tu lui as confié l'univers, afin qu'en te servant, toi seul, son Créateur, il règne sur la création. Comme il avait perdu ton amitié par sa désobéissance, tu ne l'as pas abandonné au pouvoir de la mort. Dans ta miséricorde, tu es venu en aide à tous les hommes pour qu'ils te cherchent et puissent te trouver. Tu as multiplié les alliances avec eux, et tu les as formés, par les prophètes, dans l'espérance du salut. Tu as tellement aimé le monde, Père très saint, que tu nous as envoyé ton Fils unique, lorsque les temps furent accomplis, pour qu'il soit notre Sauveur. Dieu fait homme, conçu de l'Esprit Saint, né de la Vierge Marie, il a vécu notre condition humaine en toute chose, excepté le péché, annonçant aux pauvres la bonne nouvelle du salut ; aux captifs, la délivrance ; aux affligés, la joie. Pour accomplir le dessein de ton amour, il s'est livré lui-même à la mort, et, par sa résurrection, il a détruit la mort et renouvelé la vie. Afin que désormais notre vie ne soit plus à nous-mêmes, mais à lui qui est mort et ressuscité pour nous, il a envoyé d'auprès de toi, Père, comme premier don fait aux croyants, l'Esprit Saint qui continue son œuvre dans le monde et achève toute sanctification.

Que ce même Esprit Saint, nous t'en prions, Seigneur, sanctifie ces offrandes : qu'elles deviennent ainsi le corps ✠ et le sang de notre Seigneur Jésus, le Christ, dans la célébration de ce grand mystère, que lui-même nous a laissé en signe de l'Alliance éternelle.

Quand l'heure fut venue où tu allais le glorifier, Père très saint, comme il avait aimé les siens qui étaient dans le monde, il les aima jusqu'au bout : pendant le repas qu'il partageait avec eux, il prit le pain, dit la bénédiction, le rompit et le donna à ses disciples, en disant :
« **Prenez, et mangez-en tous** : ceci est mon corps livré pour vous. »

De même, il prit la coupe remplie de vin, il rendit grâce, et la donna à ses disciples, en disant :
« **Prenez, et buvez-en tous**, car ceci est la coupe de mon sang, le sang de l'Alliance nouvelle et éternelle, qui sera versé pour vous et pour la multitude en rémission des péchés. Vous ferez cela en mémoire de moi. »

Prière eucharistique n° 4

(1) Il est grand, le mystère de la foi :
— Nous annonçons ta mort,
Seigneur Jésus,
nous proclamons ta résurrection,
nous attendons ta venue dans la gloire.

(2) Acclamons le mystère de la foi :
— Quand nous mangeons ce pain
et buvons à cette coupe,
nous annonçons ta mort,
Seigneur ressuscité,
et nous attendons que tu viennes.

(3) Qu'il soit loué, le mystère de la foi :
— Sauveur du monde, sauve-nous !
Par ta croix et ta résurrection,
tu nous as libérés.
ou :
Proclamons le mystère de la foi :
— Gloire à toi qui étais mort,
gloire à toi qui es vivant,
notre Sauveur et notre Dieu :
viens, Seigneur Jésus !
(Voir p. 232 pour la version latine.)

Voilà pourquoi, Seigneur, nous célébrons aujourd'hui le mémorial de notre rédemption : en rappelant la mort du Christ et sa descente au séjour des morts, en proclamant sa résurrection et son ascension à ta droite, en attendant sa venue dans la gloire, nous t'offrons son corps et son sang, le sacrifice qui est digne de toi et qui sauve le monde entier. Regarde, Seigneur, celui qui s'offre dans le sacrifice que toi-même as préparé pour ton Église, et, dans ta bonté, accorde à tous ceux qui vont partager ce pain et boire à cette coupe d'être rassemblés par l'Esprit Saint en un seul corps, pour qu'ils deviennent eux-mêmes dans le Christ une vivante offrande à la louange de ta gloire.

Et maintenant, Seigneur, rappelle-toi tous ceux pour qui nous offrons le sacrifice : en premier lieu, ton serviteur notre pape N., notre

Prière eucharistique n° 4

évêque N., et l'ensemble des évêques, les prêtres et les diacres, les fidèles qui présentent cette offrande, les membres de notre assemblée, le peuple entier qui t'appartient, et tous ceux qui te cherchent avec droiture.

Souviens-toi aussi de ceux qui sont morts dans la paix du Christ, et de tous les défunts dont toi seul connais la foi.

À nous qui sommes tes enfants, accorde, Père très bon, l'héritage de la vie éternelle auprès de la Vierge Marie, la bienheureuse Mère de Dieu, auprès de saint Joseph, son époux, des Apôtres et de tous les saints, dans ton Royaume. Nous pourrons alors, avec la création tout entière, enfin libérée de la corruption du péché et de la mort, te glorifier par le Christ, notre Seigneur, par qui tu donnes au monde toute grâce et tout bien.

Par lui, avec lui et en lui, à toi, Dieu le Père tout-puissant, dans l'unité du Saint-Esprit, tout honneur et toute gloire, pour les siècles des siècles.

– Amen.

Vient ensuite le rite de la communion, p. 245.

RITE DE LA COMMUNION

Notre Père

(1) Comme nous l'avons appris du Sauveur, et selon son commandement, nous osons dire :
(2) Unis dans le même Esprit, nous pouvons dire avec confiance la prière que nous avons reçue du Sauveur :

Notre Père qui es aux cieux, que ton nom soit sanctifié,
que ton règne vienne, que ta volonté soit faite sur la terre comme au ciel.
Donne-nous aujourd'hui notre pain de ce jour. Pardonne-nous nos offenses,
comme nous pardonnons aussi à ceux qui nous ont offensés.
Et ne nous laisse pas entrer en tentation, mais délivre-nous du Mal.

(3) Præceptis salutaribus moniti, et divina institutione formati, audemus dicere : Pater noster, qui es in cælis : sanctificetur nomen tuum ; adveniat regnum tuum ; fiat voluntas tua, sicut in cælo, et in terra. Panem nostrum cotidianum da nobis hodie ; et dimitte nobis debita nostra, sicut et nos dimittimus debitoribus nostris ; et ne nos inducas in tentationem ; sed libera nos a malo.

Délivre-nous de tout mal, Seigneur, et donne la paix à notre temps : soutenus par ta miséricorde, nous serons libérés de tout péché, à l'abri de toute épreuve, nous qui attendons que se réalise cette bienheureuse espérance : l'avènement de Jésus Christ, notre Sauveur.
— Car c'est à toi qu'appartiennent le règne,
la puissance et la gloire pour les siècles des siècles !

Échange de la paix

Seigneur Jésus Christ, tu as dit à tes Apôtres : « Je vous laisse la paix, je vous donne ma paix » ; ne regarde pas nos péchés mais la foi de ton Église ; pour que ta volonté s'accomplisse, donne-lui toujours cette paix, et conduis-la vers l'unité parfaite, toi qui vis et règnes pour les siècles des siècles. ***—Amen.***

Que la paix du Seigneur soit toujours avec vous. ***—Et avec votre esprit.***

Dans la charité du Christ, donnez-vous la paix.

Fraction du pain

Que le corps et le sang de notre Seigneur Jésus Christ, réunis dans cette coupe, nourrissent en nous la vie éternelle.

Agneau de Dieu

Agneau de Dieu, qui enlèves les péchés du monde, prends pitié de nous. *(bis)*
Agneau de Dieu, qui enlèves les péchés du monde, donne-nous la paix.

Agnus Dei, qui tollis peccata mundi, miserere nobis. (bis)
Agnus Dei, qui tollis peccata mundi, dona nobis pacem.

Communion

(1) Seigneur Jésus Christ, Fils du Dieu vivant, selon la volonté du Père et avec la puissance du Saint-Esprit, tu as donné, par ta mort, la vie au monde ; que ton corps et ton sang très saints me délivrent de mes péchés et de tout mal ; fais que je demeure fidèle à tes commandements et que jamais je ne sois séparé de toi.

(2) Seigneur Jésus Christ, que cette communion à ton corps et à ton sang n'entraîne pour moi ni jugement ni condamnation ; mais que, par ta bonté, elle soutienne mon esprit et mon corps et me donne la guérison.

Voici l'Agneau de Dieu, voici celui qui enlève les péchés du monde.
Heureux les invités au repas des noces de l'Agneau !
— Seigneur, je ne suis pas digne de te recevoir ;
mais dis seulement une parole, et je serai guéri.

Chant de communion ou antienne de la communion.

Prière après la communion voir à la date du jour.

RITE DE CONCLUSION

Le Seigneur soit avec vous.
— Et avec votre esprit.
Que Dieu tout-puissant vous bénisse, le Père, et le Fils, ✠ et le Saint-Esprit.
— Amen.

Puis le diacre, ou le prêtre lui-même, les mains jointes, tourné vers l'assemblée, dit :
(1) Allez, dans la paix du Christ.
(2) Allez porter l'Évangile du Seigneur.
(3) Allez en paix, glorifiez le Seigneur par votre vie.
(4) Allez en paix.
— Nous rendons grâce à Dieu.

Chants pour la célébration

Les chants en rouge sont consultables à la page indiquée. **Les chants en noir** sont référencés avec leur cote SECLI.

	Ouverture	Renvoi	Communion / Action de grâce	Renvoi
5 mai	Dieu nous as tous appelés	p. 249	Reine du Ciel	p. 252
	Criez de joie, Christ est ressuscité	I52-51	Je vous ai choisis	DEV44-63
	Alléluia, Christ est vivant	I50-15	Prenez et mangez	D52-67
9 mai	Il nous précède en Galilée	I26-38	Nous t'avons reconnu, Seigneur	p. 253
	Le Christ aujourd'hui remonte aux cieux	JX42-05	Avec vous, je suis avec vous	EDIT22-61
	Quand il disait à ses amis	p. 250	Quand s'éveilleront nos cœurs	X924
12 mai	Souffle imprévisible	p. 251	Que mon Esprit soit sur vous	K518
	Il a changé nos vies	EDIT15-46	Tu fais ta demeure en nous	p. 256
	Il s'est levé d'entre les morts	IP10-67-5	Seigneur, fais de nous des ouvriers de paix	DEV299
19 mai	Laissez-vous mener par l'Esprit	K524	Au cœur de ce monde	EA238-1
	Pour que Dieu soit dit	K550	Nous qui mangeons le pain	D215
	Esprit de Pentecôte, Souffle de Dieu	p. 250	Notre Dame de Pentecôte	p. 254
26 mai	Hymne à la Trinité sainte	MY230	Que soit parfaite notre unité	D341-1
	Ps 150 – Par la musique et par nos voix	p. 252	Dieu ne peut que donner son amour	p. 256
	Nous chanterons pour toi, Seigneur	K38	Devenez ce que vous recevez	D68-39

Suggestions pour mai 2024 proposées par Thibault Van Den Driessche, avec ChantonsenÉglise

Dieu nous a tous appelés *(Ouverture)*

A14-56-1/KD4-56-1; T.: CNPL/D. Rimaud; M.: J. Berthier; CNPL – Studio SM.

Refrain: **Nous sommes le corps du Christ,**
chacun de nous est un membre de ce corps.
Chacun reçoit la grâce de l'Esprit pour le bien du corps entier. *(bis)*

① **Dieu nous a tous appelés à tenir la même espérance,**
pour former un seul corps baptisé dans l'Esprit.
Dieu nous a tous appelés à la même sainteté,
pour former un seul corps baptisé dans l'Esprit.

② **Dieu nous a tous appelés des ténèbres à sa lumière,**
pour former un seul corps baptisé dans l'Esprit.
Dieu nous a tous appelés à l'amour et au pardon,
pour former un seul corps baptisé dans l'Esprit.

③ **Dieu nous a tous appelés à chanter sa libre louange,**
pour former un seul corps baptisé dans l'Esprit.
Dieu nous a tous appelés à l'union avec son Fils,
pour former un seul corps baptisé dans l'Esprit.

④ **Dieu nous a tous appelés à la paix que donne sa grâce,**
pour former un seul corps baptisé dans l'Esprit.
Dieu nous a tous appelés sous la croix de Jésus Christ,
pour former un seul corps baptisé dans l'Esprit.

Quand il disait à ses amis (Ouverture)

IP165-1; T. : D. Rimaud; M. : J. Akepsimas; CNPL Éditions, Studio SM.

Refrain : **Alléluia, alléluia, Jésus est vivant !**
Alléluia, alléluia, Jésus est vivant !

① **Quand il disait à ses amis : « Si vous saviez le don de Dieu »,**
« Si vous saviez le don de Dieu ». Nous avons asséché la source de la vie…
Mais ce matin, alléluia, notre naissance a jailli du tombeau !

② **Quand il disait à ses amis : « Venez à moi, je suis le jour »,**
« Venez à moi, je suis le jour ». Nous avons sacrifié aux forces de la nuit…
Mais ce matin, alléluia, notre lumière a jailli du tombeau !

③ **Quand il disait à ses amis : « Je suis vainqueur, pourquoi trembler ? »**
« Je suis vainqueur, pourquoi trembler ? ». Nous avons nié Dieu en face de la peur…
Mais ce matin, alléluia, notre pardon a jailli du tombeau !

Esprit de Pentecôte, Souffle de Dieu (Ouverture)

K138; T. : M. et M. Debaisieux; M. : Mannick; Studio SM.

Refrain : **Esprit de Pentecôte, Souffle de Dieu, vois ton Église aujourd'hui rassemblée,**
Esprit de Pentecôte, Souffle d'amour, emporte-nous dans ton élan (bis).

① **Peuple de Dieu nourri de sa parole,**
peuple de Dieu vivant de l'Évangile,
peuple de Dieu se partageant le pain,
peuple de Dieu devenu corps du Christ.

② **Peuple de Dieu aux écoutes du monde,**
peuple de Dieu partageant ses combats
peuple de Dieu solidaire des hommes,
peuple de Dieu assoiffé de justice.

Souffle imprévisible *(Ouverture / Envoi)*

K28-44 ; T. : C. Bernard ; M. : J. Akepsimas ; Studio SM.

① **Souffle imprévisible, Esprit de Dieu, vent qui fait revivre, Esprit de Dieu,**
souffle de tempête, Esprit de Dieu, ouvre nos fenêtres, Esprit de Dieu !

Refrain : **Esprit de vérité, brise du Seigneur,**
Esprit de liberté, passe dans nos cœurs ! *(bis)*

② **Flamme sur le monde, Esprit de Dieu, feu qui chasse l'ombre, Esprit de Dieu,**
flamme de lumière, Esprit de Dieu, viens dans nos ténèbres, Esprit de Dieu !

③ **Fleuve des eaux vives, Esprit de Dieu, chant de l'autre rive, Esprit de Dieu,**
fleuve au long voyage, Esprit de Dieu, porte-nous au large, Esprit de Dieu !

④ **Voix qui nous rassemble, Esprit de Dieu, cri d'une espérance, Esprit de Dieu,**
voix qui nous réveille, Esprit de Dieu, clame la nouvelle, Esprit de Dieu !

⑤ **Source de sagesse, Esprit de Dieu, puits de la tendresse, Esprit de Dieu,**
source pour ton peuple, Esprit de Dieu, coule en nos demeures, Esprit de Dieu !

⑥ **Paix de la colombe, Esprit de Dieu, ciel dans nos rencontres, Esprit de Dieu,**
paix qui nous libère, Esprit de Dieu, change notre terre, Esprit de Dieu !

⑦ **Joie donnée aux hommes, Esprit de Dieu, fête du Royaume, Esprit de Dieu,**
joie de l'Évangile, Esprit de Dieu, fais de nous des signes, Esprit de Dieu !

⑧ **Vent de Pentecôte, Esprit de Dieu, force des Apôtres, Esprit de Dieu,**
vent que rien n'arrête, Esprit de Dieu, parle en tes prophètes, Esprit de Dieu !

Psaume 150 – Par la musique et par nos voix *(Ouverture)*

Y43-38; T.: Didier Rimaud; M.: Heinrich Schütz; Voix Nouvelles.

① **Louange à Dieu, Très-Haut Seigneur, pour la beauté de ses exploits :**
par la musique et par nos voix, louange à lui, dans les hauteurs.

② **Louange à lui, puissance, honneur, pour les actions de son amour ;**
au son du cor et du tambour, louange à lui pour sa grandeur !

③ **Tout vient de lui, tout est pour lui : harpes, cithares, louez-le.**
Cordes et flûtes, chantez-le : que tout vivant, le glorifie !

Reine du ciel *(Action de grâce)*

V59-26; Adaptation française du « Regina cœli »; M.: B. Suijkerbuijk; Éd. de l'Emmanuel.

Nous t'avons reconnu, Seigneur *(Communion)*

D59-24; T.: A. Dumont; M.: M. Wittal, J. Rouquès; Éd. de l'Emmanuel.

① **Nous t'avons reconnu, Seigneur, à la fraction du pain,**
notre cœur est tout brûlant quand nous venons jusqu'à toi.
Fortifie notre foi, ô Christ, en cette communion,
fais de nous un seul corps, uni en un seul Esprit.

② **Tu as dit : « Vous ferez cela en mémoire de moi. »**
Pain et vin sont consacrés en signe de ton salut.
Ils nous donnent ta vie, ô Christ, en cette communion :
corps livré, sang versé pour nous sauver du péché.

③ **Nous venons t'adorer, Seigneur, en partageant le pain,**
notre roi, notre pasteur, Jésus notre Rédempteur !
Tu découvres ta gloire, ô Christ, en cette communion,
ouvre-nous le chemin, reçois-nous auprès de toi.

④ **Par l'Esprit, apprends-nous Seigneur à contempler ton corps,**
tu es là, vraiment présent en ta sainte eucharistie.
Tu te livres en nos mains, ô Christ, en cette communion :
« Mon Seigneur et mon Dieu, Jésus, ma vie et ma joie ! »

⑤ **Nous voici affamés, Seigneur, tout petits devant toi,**
sous nos yeux, tu multiplies le pain qui donne la vie.
Tu t'es fait nourriture, ô Christ, en cette communion,
conduis-nous au bonheur promis à tes serviteurs

Notre Dame de Pentecôte (Action de grâce)

V82-06 ; T. et M. : Christophe Sperissen ; ADF Musique.

REFRAIN

COUPLETS

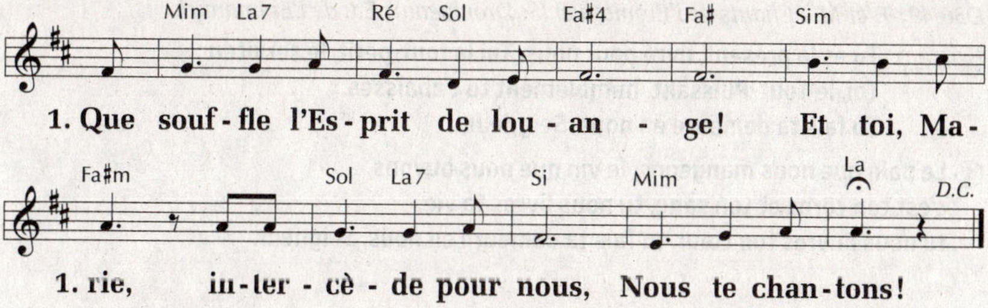

② Parce qu'il a dit : « Je suis toujours avec vous ! »,
que souffle l'Esprit de l'audace !
Et toi, Marie, intercède pour nous,
nous te prions !

③ Parce qu'il a dit : « Allez dans le monde entier ! »,
que souffle l'Esprit de courage !
Et toi, Marie, intercède pour nous,
nous t'implorons !

④ Parce qu'il a dit : « Allez soyez mes témoins ! »,
que souffle l'Esprit de la grâce !
Et toi, Marie, intercède pour nous,
nous t'invoquons !

Tu fais ta demeure en nous (Communion)

D56-49 ; T. et M. : Chants de l'Emmanuel (S. Drouineau) ; Éd. de l'Emmanuel.

Refrain : **Tu es là présent, livré pour nous. Toi le tout-petit, le serviteur.**
Toi, le Tout-Puissant, humblement tu t'abaisses.
Tu fais ta demeure en nous, Seigneur.

① **Le pain que nous mangeons, le vin que nous buvons,**
c'est ton corps et ton sang, tu nous livres ta vie,
tu nous ouvres ton cœur, tu fais ta demeure en nous, Seigneur.

Dieu ne peut que donner son amour (Action de grâce)

T. : Taizé ; M. : J. Berthier/J. Gelineau ; Ateliers et Presses de Taizé.

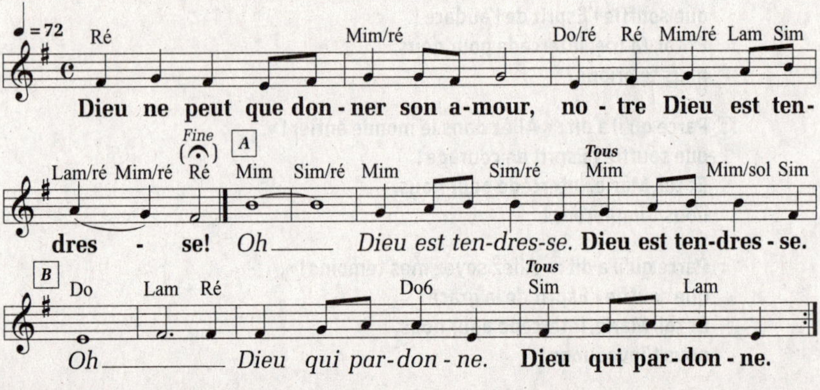

Bénis le Seigneur, ô mon âme *(Action de grâce)*

Z102-6 ; T. et M. : Communauté de l'Emmanuel (E. Faugeron) ; Éd. de l'Emmanuel.

Refrain : **Bénis le Seigneur, ô mon âme, du fond de mon être, son Saint Nom.**
Bénis le Seigneur, ô mon âme, et n'oublie aucun de ses bienfaits.

① **Le Seigneur est tendresse et pitié,**
lent à la colère et plein d'amour,
sa justice demeure à jamais.
Bénis le Seigneur, ô mon âme !

② **Il pardonne toutes tes fautes,**
de tes maladies il te guérit,
à la fosse il rachète ta vie.
Bénis le Seigneur, ô mon âme !

③ **Comme un père pour ses enfants,**
tendre est le Seigneur
pour qui le craint,
de son cœur jaillit l'amour.
Bénis le Seigneur, ô mon âme !

④ **La bonté du Seigneur se répand**
sur qui accomplit sa volonté,
attentif à sa parole.
Bénis le Seigneur, ô mon âme !

⑤ **Vous les anges, les saints du Seigneur,**
tous ses serviteurs, toutes ses œuvres,
dans la joie bénissez-le.
Bénis le Seigneur, ô mon âme !

LES RENDEZ-VOUS DE MAI 2024

SOMMAIRE

ÉDITORIAL

Les « M » de mai

Mai commence par la lettre « M » de Marie, un mois tout indiqué pour prier avec le chapelet, s'il est dans nos habitudes. La simple répétition des « Je vous salue » rejoint la simplicité de Dieu qui se donne à nous sans détours inutiles. Car Dieu est infiniment simple, ainsi que le souligne François-Dominique Forquin dans sa chronique.

« M » de mai, « M » de muguet ! Et pour évoquer le bonheur, rendez-vous avec Jacques Nieuviarts et la promesse de Dieu faite à Abraham. Dieu bénit le patriarche et sa descendance à l'infini et toute la Bible sera une relecture de cette promesse. Quel joie d'être béni de Dieu ! Un autre bonheur ce mois-ci ? Celui de ne pas avoir besoin de tout comprendre pour nous laisser saisir de l'intérieur par Dieu. Emmanuelle Billoteau nous introduit dans la liturgie de la fête de la Sainte Trinité éclairant le sens des mots et du mystère. Quant à Anne Lécu, elle attire notre attention sur ces « mais » – encore avec un « M » – qui symbolisent notre capacité à retarder le moment d'une décision, d'une réponse, d'un engagement. Heureusement pour nous, le Christ ne cesse de nous appeler ! ■

Karem Bustica
Rédactrice en chef de Prions en Église

« Quel joie d'être béni de Dieu ! »

CHEMIN D'ÉTOILES

Jacques Nieuviarts, prêtre assomptionniste

Sous la voie lactée de la promesse !

La promesse à Abraham, sans cesse relue, a guidé le récit biblique. Une promesse de multitude et de bénédiction qui se passe de génération en génération comme une profession de foi et un socle de prière.

Abraham contemplait les étoiles et, par une nuit étoilée, eut l'intuition de la bénédiction de Dieu sur lui et sur sa descendance à l'infini. Désormais, premier d'une longue lignée, il marcherait à l'étoile. Et l'histoire fut dès lors sans cesse relue à l'aune de cette promesse. Lors des épreuves qui ne manquèrent pas dans le désert, Moïse rappelait à Dieu : « Souviens-toi de tes serviteurs, Abraham, Isaac et Israël, à qui tu as juré par toi-même : "Je multiplierai votre descendance comme les étoiles du ciel" » (Ex 32, 13), et de même il exhortait le peuple : « Quand tes pères sont arrivés en Égypte, ils n'étaient que soixante-dix ; mais à présent le Seigneur votre Dieu vous a rendus aussi nombreux que les étoiles du ciel [...]. Le Seigneur [...] vous multipliera encore mille fois autant, il vous bénira comme il vous l'a dit » (Dt 10, 22 ; 1, 11). Cela devenait peu à peu une véritable profession de foi :

« C'est toi qui es le Seigneur, toi seul ! […] Tu as multiplié leurs fils comme les étoiles du ciel et tu les as introduits dans le pays où tu avais dit à leurs pères d'entrer pour en prendre possession » (Ne 9, 6.23). Ce motif solide de confiance devenait aussi le socle qui fondait la prière dans les temps de persécutions et d'épreuves : « Tu as dit que tu rendrais leur descendance aussi nombreuse que les astres du ciel, que le sable au rivage des mers » (Dn 3, 36). La promesse à Abraham, sans cesse relue, guidait l'histoire. David lui-même, assoiffé de dénombrer son peuple, consentit à une limite « parce que Dieu avait dit qu'il multiplierait Israël comme les étoiles du ciel » (1 Ch 27. 23) ! Et l'éloge d'Abraham, au livre du Siracide, montre le maillage de la promesse de génération en génération : « Abraham fut grand, d'une multitude de peuples il est le père […]. Il observa la loi du Très-Haut et entra dans son alliance. […] Aussi Dieu lui a-t-il assuré par serment que les nations seraient bénies en sa descendance, […] qu'il exalterait ses descendants comme les étoiles […]. À Isaac il donna la même assurance à cause de son père Abraham. La bénédiction pour tous les hommes et l'Alliance, Dieu les a fait reposer sur la tête de Jacob […]. De Jacob, Dieu fit sortir un homme de miséricorde, qui trouva grâce aux yeux de tous » (Si 44, 19-23). Ainsi vivons-nous sous la constellation de la promesse !

« Le Seigneur vous multipliera encore mille fois autant, il vous bénira comme il vous l'a dit » (Dt 1, 11).

LES SECONDS RÔLES DANS LA BIBLE

Anne Lécu, dominicaine

Trois candidats disciples

À la fin du neuvième chapitre de l'évangile de Luc, trois hommes souhaitent suivre Jésus (Lc 9, 57-62). À chacun, comme à nous, il répond radicalement.

Jésus traverse la Samarie pour se rendre, déterminé, à Jérusalem. En chemin trois hommes l'un après l'autre, entrent en discussion avec lui. Luc, en racontant cela, dresse trois courts portraits de candidats disciples dans lesquels nous pouvons nous retrouver.

Le premier homme est plein d'entrain et dit à Jésus : « Je te suivrai partout où tu iras » (Lc 9, 57). Jésus ne l'encourage pas à le suivre, il ne joue pas au séducteur et ne met pas la main sur lui. Bien au contraire, sa réponse douche un peu l'enthousiasme du candidat disciple. « Les renards ont des terriers, les oiseaux du ciel ont des nids ; mais le Fils de l'homme n'a pas d'endroit où reposer la tête. » En somme, Jésus lui dit, nous dit : « Tu veux me suivre, très bien. Sais-tu seulement ce que tu demandes ? » Pour le dire avec les mots de Dietrich Bonhoeffer : « La grâce à bon marché, l'ennemi mortel de notre Église, c'est la grâce sans la Croix. La grâce qui coûte, c'est l'Évangile qu'il faut toujours chercher à nouveau. » Nul ne sait ce qu'a fait l'homme à qui Jésus s'adressait de la sorte.

Jésus prend l'initiative de la seconde rencontre et c'est lui qui s'adresse à l'homme : « Suis-moi ! » Mais l'homme a plus urgent à faire, et c'est vrai : son père est mort. La brutalité de la réponse de Jésus surprend : « Laisse les morts enterrer leurs morts. Toi, pars, et annonce le règne de Dieu » (Lc 9, 60). S'il fallait faire atterrir l'enthousiasme du premier homme, peut-être un peu trop aveuglé par l'idéalisation de la vie ...

© Gaétan Évrard

Première Alliance

« Élisée quitta ses bœufs, courut derrière Élie, et lui dit : "Laisse-moi embrasser mon père et ma mère, puis je te suivrai." Élie répondit : "Va-t'en, retourne là-bas ! Je n'ai rien fait." »

1 Rois 19, 20

... de disciple, il faut au contraire stimuler l'inertie du second, y compris pour l'aider à réaliser qu'annoncer le règne de Dieu se fait peut-être d'abord dans la façon d'enterrer son père.

Quant au troisième, c'est encore pire : alors que Jésus ne lui a rien demandé, il met déjà une condition à son engagement, comme avant lui Élisée : « Je te suivrai, Seigneur; mais... ». Ce « mais » est terrible. Il résume tous nos atermoiements. « Je te prierai, “mais” laisse-moi d'abord terminer ma quiche ! Je visiterai ma voisine isolée, “mais” laisse-moi d'abord partir en vacances. » Combien de fois avons-nous différé un appel, une visite, pour ensuite arriver trop tard ? La réponse de Jésus est sans appel : « Quiconque met la main à la charrue, puis regarde en arrière, n'est pas fait pour le royaume de Dieu. »

Alors faut-il désespérer ? Non, car dans le chapitre juste après, Jésus envoie soixante-douze disciples (et Élisée a succédé à Élie). Jésus les a donc trouvés, et qui sait ? Nos trois candidats (et nous avec) en font peut-être partie ? ■

Nouvelle Alliance

« Je te suivrai, Seigneur; mais laisse-moi d'abord faire mes adieux aux gens de ma maison. »

Luc 9, 61

TRÉSORS DE LA LITURGIE

Emmanuelle Billoteau, ermite

Mystère du Dieu vivant

En cette fête de la Sainte Trinité, nous nous trouvons en présence d'un paradoxe à vue humaine : celui d'un Dieu unique en trois personnes. Une réalité de foi et d'expérience qui met à mal notre rationalité, mais nous accule à revenir à l'Évangile, à la relation qui unit Jésus à son Père, ainsi qu'à l'Esprit Saint.

« Mystère du Dieu vivant et de son amour pour les hommes : le Très-Haut nous envoie son Fils et se révèle notre Père ; le Christ exalté dans la gloire nous donne son Esprit en qui nous te louons, Dieu qui es, qui étais et qui viens ! » Cette antienne chantée avec le cantique de Marie aux vêpres de la Sainte Trinité, nous introduit dans le vif du sujet.

Nous sommes en présence d'un « mystère », un terme dont l'étymologie est liée au fait de se taire ou au secret dépassant la seule intelligence humaine. Et cela, alors même qu'il fait l'objet d'une révélation (cf. Col 1, 27). Car Dieu est au-delà de nos catégories, comme Paul l'exprime au sujet de la Croix, « scandale pour les Juifs, folie pour les nations païennes » (1 Co 1, 23). Alors ne…

... restons pas bloqués sur nos difficultés de compréhension et laissons-nous saisir de l'intérieur par la contemplation de Dieu Père, Fils et Saint-Esprit, et de son amour pour l'humanité. Laissons la liturgie « mobiliser » notre cœur, notre mémoire et notre corps. Ce qui ne veut pas dire que nous renonçons à comprendre, mais plutôt que nous acceptons de nous engager dans un processus de compréhension qui part de l'expérience, de l'émerveillement, de l'étonnement, de l'adoration.

Le terme de Trinité n'appartient pas à l'Écriture, mais à la tradition ancienne qui s'est élaborée sous l'action de l'Esprit et le questionnement de certains chrétiens de l'époque (remise en question de la divinité du Fils et de l'Esprit). Dès les origines, la Trinité était honorée dans les doxologies qui ponctuent la prière liturgique : « Gloire au Père et au Fils et au Saint-Esprit. » Raison pour laquelle la fête de la Sainte Trinité a eu du mal à s'imposer à Rome avant le XIIe siècle, car jugée « inutile ».

Les antiennes et prières

Si nous revenons aux pièces liturgiques de la messe, nous constatons que l'antienne d'ouverture nous situe d'emblée dans une prière de bénédiction : « Béni soit Dieu le Père et le Fils unique de Dieu, ainsi que le Saint-Esprit, car il nous a montré sa miséricorde. » Le mot de Trinité n'est pas employé, mais la réalité est signifiée : trois personnes, un Dieu unique comme l'atteste le singulier du « il » et des verbes « bénir » et « montrer ». Ensuite, la première prière demande à Dieu de nous donner « de professer la vraie foi en reconnaissant la gloire de l'éternelle Trinité, en adorant son Unité dans sa toute-puissance ». Car professer et vivre la spécificité de notre foi chrétienne, différente des monothéismes, relève du don. La préface quant à elle, est marquée par les formulations du Credo de Nicée-Constantinople avec l'introduction du terme philosophique de substance. Elle s'adresse ainsi au Père : « Avec ton Fils unique et le Saint-Esprit, tu es un seul Dieu, tu es un seul Seigneur, non pas en une seule personne, mais une seule substance en trois personnes. Ce que nous croyons de ta gloire, parce que tu l'as révélé, nous le croyons pareillement, et de ton Fils et du Saint-Esprit. » La commune divinité du Fils et de l'Esprit avec le Père est clairement affirmée : « une seule substance en trois personnes », une même « gloire »… La prière après la communion reviendra sur « notre foi en la Trinité, éternelle et sainte » et en son « indivisible Unité ».

Laissons-nous saisir de l'intérieur par la contemplation de Dieu Père, Fils et Saint-Esprit, et de son amour pour l'humanité.

Maurice Zundel fait bien ressortir l'enjeu et les défis de notre foi trinitaire : « Le Dieu trinitaire est un Dieu inconnu, un Dieu dont nous n'avons pas l'habitude. […] En Dieu le "moi" est pur altruisme […] Le Père en effet n'est qu'un regard vers le Fils, le Fils n'est qu'un regard vers le Père et l'Esprit Saint n'est qu'une respiration d'amour vers le Père et le Fils » (*Je ne crois pas en Dieu, je le vis*).

LE ROSAIRE, UN CHAPELET DE QUESTIONS

François-Dominique Forquin, prêtre dominicain et aumônier national des Équipes du Rosaire

Priez pour nous pauvres Prêcheurs !

Pourquoi un ordre dit « intello » comme les Dominicains a-t-il popularisé une prière aussi simple ?

Il y a quelques années, au terme d'un chapelet récité à la grotte de Lourdes, un frère dominicain, assis quelques rangs devant moi, se leva un peu trop brusquement et le Rosaire qui pendait à sa ceinture se pris malencontreusement dans les lattes du banc sur lequel il était assis. Le fil usé par des années de chapelets récités céda sans résister si bien qu'une dizaine de perles se répartirent sur le sol. Contemplant, amusée, une scène qui, tout comme à moi, ne pouvait lui échapper, une femme me dit alors : « Mais pourquoi un ordre aussi intello que le vôtre s'encombre-t-il d'un tel objet de piété et si peu pratique au demeurant ? » Tout en regardant le frère essayer de renfiler ses quelques perles à son chapelet, je lui répliquai aussitôt : « Vous voulez dire qu'on ne rentre pas chez les Dominicains pour enfiler des perles – Oui, c'est tout de même étonnant qu'une prière aussi simple ait été inventée par les Dominicains, insista-t-elle. – Vous avez raison de dire par les Dominicains, lui rétorquai-je, car le Rosaire tel que nous le connaissons aujourd'hui est le résultat d'une longue évolution à travers le temps au cours duquel les Dominicains ont joué un grand rôle. – Mais sur tant de tableaux on voit saint Dominique recevant le Rosaire des mains de la Sainte Vierge elle-même, alors c'est un mythe toute cette histoire ? – Disons plutôt une tradition qui a permis une transmission et un développement jalousement défendu au sein de l'Ordre, notamment face aux Franciscains qu'on attendait peut-être plus spontanément sur ce terrain. Mais ne nous y trompons pas, car comme le dit saint Thomas d'Aquin, Dieu est infiniment simple, c'est l'homme qui est compliqué ! S'approcher de Dieu, c'est toujours un effort de simplification et c'est là que le travail est nécessaire car simple ne veut pas dire simpliste, non, sûrement pas ! Le Rosaire, c'est la simplicité de Dieu qui se donne sans détours inutiles. Il s'agit de contempler Dieu, à travers les mystères de la vie de son Fils pour pouvoir le prêcher en toute simplicité. » Au terme de notre petite conversation, la dame me dit qu'elle lui avait permis de ramasser quelques perles dispersées dans son esprit. Après quoi, je lui dis : « Priez pour nous pauvres prêcheurs, afin que nous sachions toujours prêcher avec cette simplicité-là ! » ■

Le Rosaire, c'est la simplicité de Dieu qui se donne sans détours inutiles.

TÉMOIGNAGE DE LECTEUR

Propos recueillis par **Frédéric Pascal**, journaliste

Les rencontres de « Prions »

Béatrice Péguy, 56 ans, anime la liturgie dans sa paroisse de Villelongue-de-la-Salanque (66). Depuis ses premiers pas dans l'Église, « Prions en Église » l'accompagne et lui ouvre un nouveau monde.

« Quand j'ai commencé à fréquenter l'Église, il y a une vingtaine d'années, les paroissiens de mon village ont partagé avec moi leur *Prions en Église*. Ils ont ainsi participé à l'épanouissement de ma foi et à ma connaissance de la liturgie.

Dans ma famille athée, avec un père communiste, on ne parlait pas religion. À 19 ans, j'ai lu l'Ancien Testament puis les évangiles à 28 ans. Et ma vie en a été bouleversée. J'ai commencé à aller à l'église, où, rapidement, on m'a demandé de participer à l'animation liturgique. Mais je n'y connaissais rien ! Dans mon ignorance, *Prions en Église* m'a aidée à grandir. C'est comme un voyage avec les chants, les saints, les œuvres… Je vais sur internet écouter les chants proposés dans la revue, qui m'emmènent vers d'autres chants. J'ai rencontré Thomas d'Aquin, Thérèse de Lisieux ou Charles de Foucauld, dont la vie au désert résonne avec un épisode de ma

© Sandrine Martin

jeunesse. Et je n'oublierais jamais ce tableau de l'Annonciation, d'Antonello de Messine. Je me suis dit : “Regarde, comment l'artiste a été habité pour dessiner Marie, son regard vers l'ange Gabriel, son sourire. Toi aussi, laisse-toi habiter par Dieu.” *Prions*, c'est une porte ouverte sur un nouveau monde ! Avec tout ce que m'apporte la revue – et aussi des formations –, je suis sortie de ma zone de confort : j'anime maintenant la liturgie pour toute la communauté de paroisses, en humble servante de Dieu. C'est dans cet esprit que je prépare la messe du dimanche. Je commence dès le lundi à lire les lectures, à chanter le psaume et, dans le silence, je me pose et invoque l'Esprit Saint pour qu'il me donne la force de toucher les cœurs. J'essaie que la messe soit une rencontre d'amour avec le Christ. Parce que la parole de Dieu, c'est comme respirer ou manger : cela me fait vivre. Et, pour rendre ce que j'ai reçu, j'offre à mon tour *Prions en Église* autour de moi. » ■

QUESTION DU MOIS

D'où vient la tradition de la neuvaine ?

Chiffres et nombres ont dans la Bible une forte portée symbolique : le 3 ou le 7 par exemple, le 9, peut-être moins connu. Il est lié au 3 (3 x 3 = 9), et il est plutôt de nature céleste (cf. les neuf chœurs des anges). Le 9 se retrouve dans presque toutes les civilisations, rites et religions. Nous, chrétiens, nous souvenons que Jésus est mort à la neuvième heure (cf. Mc 15, 34). Et puis, 9 est le nombre de jours consécutifs de prière, pour honorer un saint, obtenir une grâce, ou préparer une grande fête liturgique. Cette tradition nous vient des neuf jours de prière entre Ascension et Pentecôte, quand les Apôtres et la Vierge Marie sont demeurés en prière au Cénacle, jusqu'à la venue de l'Esprit Saint promis par Jésus (cf. Ac 1, 14).

Aujourd'hui, la pratique de la neuvaine s'est répandue. Ainsi, fin novembre 2023, l'Église de France invitait à une neuvaine pour la conversion missionnaire et pour les vocations; fin janvier 2024, à une neuvaine de prière pour la vie consacrée.

Que nous vivions cette neuvaine de la Pentecôte seul ou en assemblée, c'est toujours en union avec l'Église et en ouvrant nos cœurs à l'Esprit Saint qui apporte un souffle neuf à notre temps (cf. Ap 21, 5), pour faire grandir en notre monde la paix, la fraternité, la joie, l'amour. ■

Michèle Clavier, *théologienne*

Le « Camino francés » de Bayonne à Saint-Jacques-de-Compostelle

En marche vers Compostelle !

Quitter sa maison, laisser son quotidien derrière soi, prendre la route… c'est ainsi que commence toute marche vers Compostelle. Fouler le « Camino francés », c'est emprunter un chemin où tant de pèlerins se sont donné rendez-vous au fil des siècles. Aussi riche en monuments prestigieux qu'en paysages enchanteurs, cet itinéraire en autocar, en plusieurs étapes, est ponctué de marches quotidiennes, de visites religieuses et culturelles, de rencontres, de partage et de célébrations. ■ **Corinne Miguel**

Vue aérienne de Saint-Jean-Pied-de-Port (64)

© AdobeStock

PRATIQUE **Du 16 au 23 septembre 2024.** Une proposition **"Prions en Église"** organisée par Bipel. **Renseignements et inscriptions :** 01 45 55 47 52 ou c.simonpere@bipel.com

Geoffroy Coutansais, volontaire de la DCC* et chargé de communication au Liban

Pour l'avenir des Libanais

« Volontaire au Liban, j'accompagne des jeunes, pour la plupart membres des scouts de la paroisse grecque-catholique de Bourj-Hammoud dans l'est de Beyrouth (Liban). Ma mission se fait dans le cadre d'Agri-jeunesse, un projet environnemental qui offre aux jeunes de nouvelles perspectives d'avenir et qui recrée du lien social dans un Liban en crise. À leurs côtés, je me retrouve témoin mais aussi acteur d'une aventure humaine riche de sens, découvrant des parcours de vie atypiques, faisant l'expérience avec eux des étapes clés qui jalonnent le projet, participant à la dynamique de groupe qui se forme et partageant la même fierté d'accomplir une œuvre aux enjeux aussi grands. Je vois une réelle amitié se forger entre les jeunes et l'équipe exécutive d'Alpha, mon partenaire local en charge du projet. Je vis une vraie expérience d'immersion dans un univers libanais dont j'apprends la langue, partageant les difficultés, les peines, mais aussi les réussites et les moments de joie qui se posent sur notre route. Tout cela me donne le sentiment quotidien de contribuer à renforcer l'espérance de la jeunesse libanaise, et la foi en leur pays qui m'est cher. » ■

*La Délégation catholique pour la coopération (DCC) est le service du volontariat de l'Église en France.

© DCC / Geoffroy Coutansais

1. Les jeunes élaborent leur jardin agricole avec les experts de Buzuruna Juzuruna, ferme école biologique du Liban. 2. Installation de l'irrigation. 3. Exercice sur la biodiversité et les relations des éléments entre eux.

REPORTAGE

Anne-Quitterie Jozeau, journaliste

Les bras ouverts de Marie à Rocamadour

Classé au patrimoine mondial de l'Unesco, le sanctuaire de Rocamadour (46) accueille un à deux millions de visiteurs chaque année. Pèlerins comme touristes sont attendus par l'équipe pastorale, sous le regard de la Vierge noire.

Le sanctuaire de Rocamadour se tient en équilibre à flanc de falaise au-dessus d'un canyon. Trois passants pénètrent sous le porche majestueux. Ils s'engagent dans un long couloir couvert d'ex-voto, mémoires des pèlerins venus remercier la Vierge noire depuis le XIIe siècle. Au bout du couloir, un parvis aux dalles claires donne sur la basilique et ses huit chapelles. Ces trois promeneurs sont-ils pèlerins, touristes ou simples voisins ? Peu importe, le sanctuaire marial accueille tout le monde, l'équipe pastorale y veille. « La particularité du site, c'est cette grâce d'accueil, explique Pierre-Henri de La Fage, le directeur du sanctuaire. Il l'a toujours eue. Certains viennent avec une quête spirituelle ou une démarche de pèlerinage, d'autres viennent tout simplement découvrir un site patrimonial, culturel et touristique. » Car ce petit village au fin fond du Lot offre un cadre et un panorama saisissants. La pierre beige

Alix Letron/Sanctuaire ND de Rocamadour

Notre-Dame de Rocamadour

des édifices, dont certains datent du XIIe siècle, répond à la roche calcaire de la falaise. La basilique et ses huit chapelles semblent alors incrustées, voire suspendues dans la roche.

En ce mois de mai 2024, sont attendus un tour-opérateur lyonnais, des pèlerins d'Argentine, d'autres de Pologne, mais aussi tout simplement des catholiques du diocèse de Cahors – dont dépend le sanctuaire – pour une journée intergénérationnelle. Leur venue est préparée par une équipe composée de deux prêtres, de salariés et de bénévoles, qui vivent à proximité et qui sont très attachés au lieu. Leur mission : l'accueil de chacun. Salariés et bénévoles se relaient pour déambuler dans le sanctuaire, disponibles à la rencontre. « Ici, nous ne sommes pas dans une annonce directe de l'Évangile, mais dans l'accueil : parfois, vous dites juste "bonjour" à quelqu'un avec un grand sourire, et cette personne fond en larmes. Car la spécificité du lieu, c'est la ...

… maternité de la Vierge, auprès de qui on peut déposer ses fardeaux », explique le père Florent Millet, recteur du sanctuaire. Depuis 900 ans, le sanctuaire est marqué par la dévotion mariale. « Les visiteurs peuvent se mettre sous le regard maternel qui se pose sur eux, sans les juger. Ils font ainsi l'expérience d'être réenfantés », insiste le recteur. Expérience qui se vit notamment lors des offices animés par l'équipe pastorale, et qui rythment la vie du sanctuaire. Un touriste de passage sort de la chapelle où a lieu un temps d'adoration et lance, la voix teintée d'émotion : « Ça fait un bien fou, Rocamadour ! »

Volontaires en service civique au sanctuaire, Angelis et Geneviève font visiter, flânent, gèrent les affiches… Les deux jeunes femmes s'émerveillent chaque jour : « Les yeux ébahis de nos visiteurs qui contemplent le site nous le font redécouvrir ! » Car oui, Rocamadour ne laisse pas indifférents ceux qui viennent en pèlerins, en touristes ou en voisins. Ni non plus ceux qui les y accueillent. ■

Prions Marie

Durant toute l'Année de la prière 2024, *Prions en Église* invite ses lecteurs à déposer leurs intentions de prière auprès d'un des 26 sanctuaires mariaux partenaires de l'opération « Prions Marie ». Les intentions qui nous parviendront entre le 6 et le 19 mai seront déposées au pied de la Vierge noire de Rocamadour. Rendez-vous sur l'application ou le site prionseneglise.fr

Informations communiquées sous réserve de modifications. Renseignez-vous avant de vous rendre aux endroits indiqués.

LE JOUR DU SEIGNEUR – FRANCE 2 (11 heures)

5/5 Église Notre-Dame-de-l'Assomption, Criquetot-l'Esneval (76).
Prédicateur : Fr. Yves Combeau, dominicain.

9/5 Messe de l'Ascension en direct de la Suisse.
Prédicateur : *information non communiquée.*

12/5 Église du Sacré-Cœur, Audincourt (25).
Prédicateur : P. Édouard Roblot.

19/5 En direct du Frat, Jambville (78).
Prédicateur : Mgr Laurent Ulrich, archevêque de Paris.

26/5 Cathédrale du Sacré-Cœur, Saint-Pierre-et-Miquelon (97).
Prédicateur : Fr. Marc-Antoine Bêchétoille, dominicain.

FRANCE CULTURE (10 h 05)

5/5 Chapelle Notre-Dame de la Médaille miraculeuse, Paris (VIIe).
Prédicateur : Fr. Benoît Vandeputte, dominicain.

9/5 Chapelle Notre-Dame de la Médaille miraculeuse, Paris (VIIe).
Prédicateur : Fr. Régis Morelon, dominicain.

12/5 Chapelle Notre-Dame de la Médaille miraculeuse, Paris (VIIe).
Prédicateur : Fr. François-Xavier Ledoux, dominicain.

19/5 Cathédrale Sainte-Bénigne, Dijon (21).
Prédicateur : *information non communiquée.*

26/5 Chapelle Notre-Dame de la Médaille miraculeuse, Paris (VIIe).
Prédicateur : P. Brice de Malherbe.

LIVRES

Étincelles de prières

Fr. Henri de l'Enfants-Jésus
Éditions du Carmel, 144 p.

Ce recueil est riche des trésors de la grande tradition carmélitaine destinée à un large public en attente d'accompagnement sur les chemins de la prière. Tout spécialement « ceux qui n'y arrivent pas » souligne l'auteur. Dans un style accessible et le sens de la formule, frère Henri de l'Enfant-Jésus réussit une sorte de tour de force bienvenu en cette année placée sous le signe de la prière à l'invitation du pape François. Un excellent compagnon de prière.

Marie d'ici et d'ailleurs

Joël Rochette,
Éditions Emmanuel, 182 p.

Le père Joël Rochette est recteur du sanctuaire de Beauraing (Belgique) depuis 2019. Familier du sanctuaire, lieu de pèlerinage de la Vierge au Cœur d'Or, l'auteur propose de partager la « ligne spirituelle » qu'inscrit la présence de Marie au cœur de l'histoire. De la Belgique à neuf autres lieux d'apparitions mariales reconnues, essentiellement en Europe (dont Lourdes) et un en Afrique. Un pèlerinage réussi à travers le temps et l'espace.

Déjà brillent les lumières de la fête

Sylvain Detoc, Cerf, 172 p.

Dominicain, spécialiste des Pères de l'Église, l'enseignant, l'essayiste, défie la morosité ambiante en reprenant l'invitation de la foi chrétienne à nous réjouir chaque jour. À partir notamment des psaumes et en évoquant des figures inspirantes, l'auteur nous partage son appel à retrouver le sens de la fête, sans tarder. Comme pour entrer dans un cercle vertueux. Pour la gloire de Dieu et le salut du monde. ■

Robert Migliorini

EXPOSITION

Maîtres et merveilles

Peintures germaniques des collections françaises (1370-1530)

Les musées de Dijon, Colmar et Besançon présentent une exposition, en trois volets, consacrée à la peinture germanique de 1370 à 1550. Près de deux cents œuvres des collections françaises retracent la richesse de la production dans les régions germanophones du Saint-Empire romain germanique pendant le Moyen Âge et la Renaissance. Aux côtés de grands maîtres, tels que Lucas Cranach, Albrecht Dürer ou Martin Schongauer, l'exposition est aussi l'occasion de découvrir des œuvres et des artistes moins connus. ■ **Hélène Roquejoffre**

La Résurrection du Christ
1456-1457, Peinture sur bois, Johann Koerbecke.

Du 4 mai au 23 septembre 2024 – Musée des Beaux-Arts, Palais des Ducs et des États de Bourgogne, Place de la Sainte-Chapelle, 21000 Dijon.
beaux-arts.dijon.fr

NOS ACTUS

Master classe d'écriture

Prions en Église et *Le Pèlerin* vous proposent un atelier d'écriture avec Éric-Emmanuel Schmitt en visioconférence. L'auteur de *La Nuit de feu* vous accompagnera pour « Écrire la grâce ». À la première session, le 26 avril, il donnera l'inspiration et des conseils d'écriture pour partager une expérience spirituelle. Et le 7 mai, il répondra à vos questions et lira vos textes en direct. ■

Amandine Boivin

Inscription (60 €) sur : lepelerin.com/culture/recit-de-vie

CD

Les Thébaïdes, la spiritualité du désert

Ensemble De Caelis

Bayard Musique

À travers des musiques d'hier et d'aujourd'hui (grégorien, cistercien, soufi, etc.), les voix des chanteuses de l'ensemble De Caelis nous invitent à redécouvrir le désert non comme un lieu de mort, mais comme un lieu de vie, qui permet l'écoute de l'Autre et l'ouverture au monde.

Chants pour l'évangélisation

Chantons en Église – Kerygma

ADF Musique

Cet album regroupe les chants et la messe qui ont été créés pour le rassemblement Kerygma. Des chants joyeux qui aideront les communautés à garder bien vivant le souci de la première annonce de l'Évangile tant pour les célébrations que pour leurs activités pastorales. ■ **Dominique Pierre**

NUMÉRIQUE

Envoyés en mission

À la suite des disciples, des hommes et des femmes se reconnaissent envoyés par l'Esprit et partent en mission. Ils nous témoignent de l'impact spirituel d'une expérience de volontariat, signes de la force de l'Esprit Saint à l'œuvre dans le monde. Ce parcours proposé par *Prions en Église* et la Délégation catholique pour la coopération (DCC) est disponible à partir du dimanche de Pentecôte, le 19 mai, sur l'application *Prions en Église.* ■

Frédéric Pascal

Sur Google play et l'App store

Informations communiquées sous réserve de modifications.

PRIÈRE

Journée des chrétiens d'Orient

Dimanche 5 mai sera la 7e Journée mondiale de prières et de rencontres avec nos frères d'Orient. Vécue le 6e dimanche de Pâques, elle s'inscrit dans la lecture des Actes des Apôtres au sein de nos communautés. Lors de cette journée, nous sommes invités à une communion de prière. ■ oeuvre-orient.fr

Grand Nord-Ouest

PLUMELIN (56)

MERCREDI 1ER

Pèlerinage

À Kermaria, lieu de pèlerinage à saint Joseph chez les Filles de Jésus. À 11 heures : messe. L'après-midi : chapelet et vêpres ; animations pour les familles.
06 88 88 03 34
amieleroch@wanadoo.fr

SAINT-CYR-SUR-LOIRE (37)

DU MERCREDI 8 AU DIMANCHE 12

Retraite ignatienne

En silence, pour se poser, prier, faire l'expérience d'une rencontre avec Dieu qui parle à chacun au cœur de sa vie. Temps d'enseignement et accompagnement individuel.
02 47 88 46 00
su.mdp@ste-ursule.org

ESSARTS (76)

DU MARDI 21 AU SAMEDI 25

Retraite

« Renaître avec le Christ. » Retraite animée par les Fraternités saint Camille de Lellis pour relire sa vie sous le regard de Dieu, pour rendre possibles de nouveaux choix dans une liberté intérieure retrouvée.
fcl.rouen@gmail.com

ÉPERNON (28)

DU JEUDI 23 AU DIMANCHE 26

Retraite

À l'écoute de la Création (Bible et mandalas) avec sœur Sylvie Mériaux, Fraternité missionnaire en monde rural, au Prieuré Saint-Thomas.
02 37 83 60 01
reservation@prieure-saint-thomas.fr •••

… Grand Nord-Est

DIJON (21)

MARDI 7

Retraite d'un jour

À la maison diocésaine, sur les thèmes de l'eucharistie et de l'Assomption « Celui qui mange ma chair aura la vie éternelle et moi, je le ressusciterai au dernier jour » (Jn 6, 54).

03 80 38 18 85
mp.barnay@gmail.com
oratoire-dijon.fr

JOIGNY (89)

SAMEDI 18

Samedi pour Dieu

Au Centre Sophie-Barat, une journée de halte spirituelle pour goûter avec d'autres la parole de Dieu.

03 86 92 16 40
centre-sophie-barat@rscj.com
www.centre-sophie-barat.com

Grand Sud-Ouest

PERPIGNAN (66)

SAMEDI 11

Journée « Marcher et prier »

Organisée par l'équipe de Perpignan des Coteaux Païs, cette journée propose de se ressourcer par la marche, la prière, les échanges tout en goûtant la parole de Dieu.

perpignan@coteaux-pais.net
https://coteaux-pais.net

BORDEAUX (33)

MARDI 14

Formation à la prière

« Marie, maîtresse de prière », avec le frère Louis-Marie Ariño, dominicain, à l'Institut Pey Berland.

05 57 81 74 96
secretariat@institutpeyberland.fr
www.institutpeyberland.fr

Grand Sud-Est

SOUVIGNY (03)

SAMEDI 4 ET DIMANCHE 5

Pèlerinage

Le thème du pèlerinage est « Églises d'Orient à l'épreuve de la paix ». Avec une veillée, le samedi, organisée par l'Œuvre d'Orient, et la vénération des reliques des saints Mayeul et Odilon, le dimanche, suivie d'une procession jusqu'à la Prieurale, d'une conférence et d'une messe de clôture. Ouvert à tous.

04 70 35 10 50
communication@moulins.catholique.fr
www.catholique-moulins.fr

LÉONCEL (26)
DU MERCREDI 8 AU SAMEDI 11
Stage
Trois jours de stage « Écriture et contemplation » sur le thème « Le dit du Rocher : les arbres et les rochers t'enseigneront ce que tu ne pourrais apprendre des plus grands maîtres » (cf. Bernard de Clairvaux). Animé par Annick Combier, écrivaine.
www.annickcombier.com
abbaye-leoncel-vercors.com

SIMIANE-COLLONGUE (13)
DU SAMEDI 18 AU MARDI 21
Retraite
« Les “anges” dans l'œuvre de sainte Hildegarde », avec sœur ...

ZOOM

Prix du jury œcuménique du Festival de Cannes

Samedi 25 mai, le prix du jury œcuménique du Festival de Cannes 2024 est remis à l'un des huit films nommés par les associations catholique et protestante, Signis et Interfilm. Le jury international s'accorde sur un long-métrage qui répond aux valeurs de l'Évangile. À savoir, notamment, « la paix, la justice, la défense des plus fragiles, la sauvegarde de la Création », explique Valérie de Marhnac, coordinatrice du prix. Les membres du jury, bénévoles et impliqués dans le milieu du cinéma, regardent l'ensemble des films nommés au prix œcuménique de Cannes et en discutent ensuite. À la fin des deux semaines, la direction du festival est informée de la délibération. Le prix du jury œcuménique est alors remis au réalisateur samedi matin, avant le palmarès final qui a lieu l'après-midi. « Le cinéma est un lieu où les chrétiens ont un message à transmettre sur les préoccupations du monde actuel », estime Valérie de Marhnac, pour qui ce prix du jury œcuménique, créé en 1974, a toute sa place au sein du festival. ■

Anne-Quitterie Jozeau

AGENDA

••• Elaiè, et « Avec Sainte Hildegarde découvrir la place de l'homme dans l'univers », avec le père Pierre Dumoulin.
04 42 22 60 60 / www.lioba.com
benedictins@lioba.com

Île-de-France

JAMBVILLE (78)

DU VENDREDI 17 AU DIMANCHE 19

Rassemblement

Le Frat rassemble les collégiens de 4e et 3e d'Île-de-France pour un week-end avec des célébrations, et des temps de partage, de prière, de témoignage et de rencontre. Le thème de cette année est : « Ne ralentissez pas votre élan » (Rm 12, 11).
contact@frat.org – www.frat.org

CHEVILLY-LARUE (94)

SAMEDI 18 ET DIMANCHE 19

Forum

À la Pentecôte, deux jours en famille spiritaine au séminaire des missions de Chevilly-Larue pour un temps fraternel. Veillée de Pentecôte le samedi soir avec les jeunes de la troupe des « Bâtisseurs d'espérance » d'Apprentis d'Auteuil et des chorales multiculturelles.
07 50 62 74 64
forumchevilly2024@gmail.com
www.spiritains.org

Monde

ROME (ITALIE)

DU MERCREDI 1ER AU DIMANCHE 5

Colloque

Dans le cadre du jubilé des 350 ans des apparitions à Paray-le-Monial, un colloque exceptionnel a lieu à Rome sur le thème : « Réparer l'irréparable. Comment l'appel de Jésus à réparer les indignités faites à son Cœur peut-il s'inscrire dans le contexte actuel de l'Église ? »
sacrecoeur-paray.org/colloque-rome

ENVOYEZ VOS RENDEZ-VOUS À L'AGENDA DE PRIONS EN ÉGLISE : Merci d'envoyer les informations nécessaires 3 mois avant l'événement, sans engagement de publication par la rédaction, à : *Prions en Église*, Agenda, 18 rue Barbès, 92120 Montrouge, ou par e-mail : *prionseneglise@groupebayard.com*

PrionsenÉglise 18, rue Barbès,
www.prionseneglise.fr 92128 Montrouge Cedex.

▶ **POUR CONTACTER LE SERVICE CLIENT : 01 74 31 15 01** – service.client@groupebayard.com
(Préciser : nom + adresse postale + « concerne Prions en Église ».)
▶ **POUR VOUS ABONNER : 01 74 31 15 01** – www.librairie-bayard.com
Bayard, Prions en Église, TSA 60007, 59714 Lille Cedex 9
▶ **POUR CONTACTER LA RÉDACTION : 01 74 31 63 24** – prionseneglise@groupebayard.com

Directeur de la publication : Pascal Ruffenach. Directeur du secteur et directeur des rédactions : Jean-Pierre Denis. Rédaction : Karem Bustica (rédactrice en chef), Dominique Pierre (rédacteur en chef délégué), Pomme Mignon (rédactrice en chef adjointe visuel, directrice artistique), Frédéric Pascal (rédacteur en chef adjoint), Armelle Gabriel (assistante), Nicolas Crouzier (secrétaire général de la rédaction), Jean-Baptiste Deau, Cécile Toussaint (1ers secrétaires de rédaction), Laurent Sangpo, Pascal Redoutey (rédacteurs graphistes), Ania Biszewska (rédactrice photo), Sébastien Antoni (chef de grande rubrique), Anne-Quitterie Jozeau (rédactrice), Agnès Thépot (relations lecteurs). A participé : Thibault Van Den Driessche. Marketing éditeur et développement : Amandine Boivin. Marketing diffusion et abonnement : Aurore Bertrand (directrice), Sandrine Dos Santos (chef de marché). Directeur des terrains catholiques : Cédric Bloquet. Voyages lecteurs : Corinne Miguel. Contrôle de gestion : Tonnumy Ai. Fabrication : Grégory Cervantes. Impression : Maury SAS, Z.I. Route d'Étampes, 45330 Malesherbes. Textes liturgiques : © AELF. Chants : © Éditeurs. © Bayard et Novalis. Reproduction interdite sans autorisation. *Prions en Église* est édité par Bayard, société anonyme à Directoire et Conseil de Surveillance au capital de 16 500 000 €. Actionnaires : Augustins de l'Assomption (93,7 % du capital), SA Saint-Loup, Association Notre-Dame de Salut. Directoire : Pascal Ruffenach (président), Dominique Greiner, Florence Guémy et Jean-Marie Montel (directeurs généraux). Président du Conseil de Surveillance : Hubert Chicou. Dépot légal à parution. CPPAP : 0425K86471 - ISSN : 0383-8285. Belgique et Luxembourg : Bayard Presse Bénélux, Da Vincilaan, 1 – 1930 Zaventem. Tél. : 0800 250 38 (de Belgique, gratuit) ou 800 29 195 (du Luxembourg). Web marché chrétien : librairie-bayard.com. Suisse : Asendia Press Edigroup SA, Chemin du Château-Bloch 10, 1219 Le Lignon. Tél. : 00 41 22 860 84 02. Mail : abobayard@edigroup.ch

Ce numéro comporte :
Sur la totalité de la diffusion : *encart broché "Prions en Église" autopromo ; encart posé "Prions en Église Junior" ; encart jeté "Prions en Église" autopromo.*
Sur une partie de la diffusion : *encart posé "Bayard presse" offre d'abonnement ; encart posé "Le Pèlerin" abonnement ; relance posée "Prions en Église" offre d'abonnement.*

PEFC 10-31-1282
Certifié PEFC
Ce produit est issu de forêts gérées durablement et de sources contrôlées.
pefc-france.org

IMPRIM'VERT

***Prions en Église* agit pour l'environnement**
Origine du papier : Suède. Taux de fibres recyclées : 0 %. Origine des fibres : papier issu de forêts gérées durablement.
Impact sur l'eau : PTOT 0,005 kg/T

FR

Bulletin d'abonnement

GRELHS0123

☐ OUI, je m'abonne à *Prions en Église*

ÉDITION POCHE (13 x 11,9 cm) - PRI

☐ **1 an** (12 n[os]) .... **45 €**
☐ **2 ans** (24 n[os]) .... **80 €**
☐ **Étudiant** 1 an .... **29,95 €***

ÉDITION GRAND FORMAT (16 x 14,6 cm) - PRI

☐ **1 an** (12 n[os]) .... **52 €**
☐ **2 ans** (24 n[os]) .... **90 €**

+ EN CADEAU :
le hors-série
Prier l'Immaculée avec le pape François

PAR COURRIER Renvoyez ce bulletin accompagné de votre chèque payable en France libellé à l'ordre de « Bayard » à l'adresse suivante : **Bayard - TSA 40020 - 93539 Aubervilliers CEDEX**

PAR INTERNET sur **librairie-bayard.com/abopri**

COORDONNÉES ☐ Mme ☐ M. Prénom

Nom A177393

Complément d'adresse (résid./Esc./Bât.)

N° et voie (rue/Av./Bd...)

Code postal Ville

Pays Date de naissance J J M M A A A A

Tél. E-mail

Pour recevoir la confirmation de votre abonnement et notre newsletter quotidienne

RENSEIGNEMENTS POUR LES ABONNEMENTS HORS FRANCE MÉTROPOLITAINE

		DOM-TOM & UE	AUTRES PAYS	BELGIQUE	SUISSE
Téléphone		(33) 174 311 501		0800/250 38**	(022) 860 84 02
POCHE	1 an	48 €	54 €	Renseignez-vous sur les tarifs et abonnez-vous par téléphone	
	2 ans	86 €	98 €		
GRAND FORMAT	1 an	55 €	61 €		
	2 ans	96 €	108 €		

*Uniquement en France métropolitaine. Cette offre ne contient pas de cadeau. Joindre une photocopie de la carte d'étudiant.

**Appel gratuit

Offre valable jusqu'au 30/09/2024 pour tout 1er abonnement. Visuels non contractuels. Bayard s'engage à la réception du 1er numéro dans un délai de 4 semaines au maximum après enregistrement du règlement. Les cadeaux sont expédiés sous 5 semaines maximum après enregistrement du paiement. En cas de rupture de stock, vous recevrez un cadeau d'une valeur commerciale équivalente. Vous disposez d'un délai de 14 jours à compter de la réception du 1er numéro de votre magazine pour exercer votre droit de rétractation en notifiant clairement votre décision à notre service client. Vous pouvez également utiliser le modèle de formulaire de rétractation accessible dans nos CGV. Nous vous rembourserons dans les conditions prévues dans nos CGV sur : https://librairie-bayard.com/cgv. Ces informations sont destinées au groupe Bayard, auquel *Prions en Église* appartient. Elles sont enregistrées dans notre fichier à des fins de traitement de votre abonnement. Conformément à la loi « Informatique et Libertés » du 06/01/1978 modifiée et au RGPD du 27/04/2016, elles peuvent donner lieu à l'exercice du droit d'accès, de rectification, d'effacement, d'opposition, à la portabilité des données et à la limitation des traitements ainsi qu'à connaître le sort des données après la mort. Votre adresse mail sera utilisée pour vous envoyer les newsletters que vous avez demandées ou dont vous bénéficiez en tant que client. Vos coordonnées postales et téléphoniques pourront être utilisées à des fins de prospection commerciale par Bayard. Votre nom associé à vos coordonnées postales et téléphoniques sont susceptibles d'être transmises à nos partenaires (éditeurs, associations, VPC...). Vous pouvez vous opposer à la prospection commerciale en vous connectant à https://www.groupebayard.com/fr/contact ou en envoyant votre demande à : Bayard (CNIL), TSA 10065, 59714 Lille CEDEX 9, France. Pour plus d'informations, nous vous renvoyons aux dispositions de notre Politique de confidentialité sur le site groupebayard.com. Nous vous informons de l'existence de la liste d'opposition au démarchage téléphonique « Bloctel », sur laquelle vous pouvez vous inscrire ici : https://www.bloctel.gouv.fr